文明密码：地道美物

《文明密码》节目组◎主编
魏　策　阿　寻◎执笔

黑龙江科学技术出版社
·哈尔滨·

图书在版编目(CIP)数据

文明密码:地道美物/《文明密码》节目组主编;魏策,阿寻执笔.—哈尔滨:黑龙江科学技术出版社,2019.6
　ISBN 978-7-5388-9918-4

Ⅰ.①文… Ⅱ.①文…②魏…③阿… Ⅲ.①俗文化—介绍—中国 Ⅳ.①G122

中国版本图书馆CIP数据核字(2018)第292731号

文明密码:地道美物
WENMING MIMA:DIDAO MEI WU

《文明密码》节目组　主编　魏　策　阿　寻　执笔

项目总监	薛方闻
项目策划	郑　毅　赵　铮
责任编辑	回　博　刘　杨
装帧设计	新华环宇
出　　版	黑龙江科学技术出版社
	地址:哈尔滨市南岗区公安街70-2号　邮编:150001
	电话:(0451)53642106　传真:(0451)53642143
	网址:www.lkcbs.cn
发　　行	全国新华书店
印　　刷	雅迪云印(天津)科技有限公司
开　　本	170 mm×240 mm　1/16
印　　张	17
字　　数	250千字
版　　次	2019年6月第1版
印　　次	2019年6月第1次印刷
书　　号	ISBN 978-7-5388-9918-4
定　　价	39.80元

【版权所有,请勿翻印、转载】

本社常年法律顾问:黑龙江大地律师事务所 计军 张春雨

序

"文化是什么,从不同的角度,可以有很多不同的表达方式。如果从我们的生活细节出发,它或许就是在无形之中影响你的一种先入为主的观念。"经常觉得自己很幸运,可以游走在众多乡土文明之中,《文明密码:地道美物》这本书就像一本相册,将这五年旅途中所感受到的文化尽收眼底。有时候我会思考:到底什么是地道?什么是美物?我们该怎样向读者展现我们生活中最平常但又常常被忽略的美物?

自古老子对大道至简在无形地做着阐释,"万物之始,大道至简,衍化至繁"直到今天依旧适用。因此,我们将这五年来所遇到的乡土文明、乡土文化中顺其自然发展的自然美归纳为两大板块,"雅集"和"匠心"。"雅集":是指文人雅士吟咏诗文,议论学问的集会。将文玩、紫檀、盆景、笔墨纸砚等物品聚集在本书雅集部分,"取其自然,巧加修饰,神形俱备,天人合一……"它们是有生命的,它们是儒雅、讲究的,我在写这些内容的时候仿佛就在跟它们对话,它们傲娇但是又很接地气。中国是一个崇尚木质器物的国家,"木者,春生之源",在五行中,"木"代表东方,代表着生生不息,表示"气"的舒放运动。木,拥有本真谦和的特质,放置于任一空间,都能与周围环境和谐共存、融洽调和。

就像我们提到的"树根的艺术",这种艺术只做减法,却能将废弃腐朽之物转化为巧夺天工之品,这种在自然美的基础上进行创作性再加工的造型艺术形成了根雕艺术。再比如文玩,其实文玩核桃的概念并不仅限于掌上把玩的揉手核桃,还有一个大类,是匠人和雕刻爱好者们于方寸之上塑造出的一方微观天地,称为核雕。这种木雕讲究营造意境,方寸之间展现出大千世界的种种情趣,甚至还要寄托人的精神理想。它蕴含着隐逸的情趣,诗情画意,耐人寻味。还有我们会在书中讲到"宫廷重器:天下第一床"——紫檀罗汉床。紫檀在所有硬木中木性最为稳定,它静穆沉古、典雅尊贵,用料宽绰奢侈,工艺选材登峰造极,体形巨大,所以会是当仁不让的宫廷重器。若没有纸墨笔砚，何来文人骚客相聚一堂。文房四宝的次序，有的人认为纸的花样及种类最多，以纸为首；也有人认为砚能终身相伴，亘古不渝，以砚为首；亦有人认为笔有带头作用，无笔则墨、砚均无用武之地。唯独墨无居首之话，长久处在次要地位。但墨滴无声入水惊，如烟袅袅幻形生。本书会从肇庆寻端砚、歙县的徽墨、婺源的歙砚、湖州的湖笔、泾县的宣纸入手，来介绍笔墨纸砚的千年传承，更会给读者一个与古对话的机会。

如果说木以及文房四宝是文人雅士，那么在"匠心"篇章里的匠心就是文学艺术。本书在"匠心"部分通过介绍巴中皮影、潍坊风筝、华夏舞龙探奇、山东日照的蛋壳陶、朱仙镇木版年画、介休琉璃、湖北江陵的龙泉剑、浚县泥咕咕以及郫县鸟笼、热贡银匠、蜀绣、唐卡艺人、临沂的高桥手绣、铝箔画艺术、硬木烫蜡技艺、苗韵芦笙、竹篾杩槎，还有匠心食物百笋宴、步步糕、蛇盘兔等，让读者体会流传千年的古韵。比如，放风筝是中国民间传统游戏之一，但是走向民间，却是在明清。人们手握一条线，却可感受到连接幸福的力量，风筝承载大家的梦，翱翔天际，触摸未来。风筝种类很多，但每一只都有鲜明的角色和造型，这些都源于自然，模拟自然，才形成了千姿百态的风筝，为民间生活增加了生动的气韵。

中国是以农耕文化为主的国家，中国的面食文化更是博大精深，单拿信阳的步步糕来说，制作细致、寓意美满。从习俗到食物再到坚守这个习俗，辛勤劳作是根基，传承传统技艺是核心。我们今天所触及的更多物品或者民俗都是历经千年的洗礼与沉淀。时光不会倒流，但我们崇敬历史和艺术成就的心一直在延续，有些辉煌，注定会在我们这辈人的手中再次绽放，成为全新意义的历史见证。

我们希望这本书肩负着"发现中华民俗，展示文化之美"之责，不单单见人见事，还能够进一步地见思想、见情感。希望本书的每一位读者都能跟地道美物一样活得精致，如果本书能为大家提供一个停下脚步、深入思考的机会，我们这个团队就满足了。

《文明密码》节目组

推荐序

很高兴应邀为《文明密码：地道美物》写推荐序。

作为一位民俗学者，寻访、调查、收集、记录散落于乡野市井的民俗物件是我的生活日常，也是我的兴趣爱好。《文明密码：地道美物》这本书用简练的文字和精美的图片展示了我国不同地区的风土民俗和人文风物，对仍留存于民间的文化传承抽丝剥茧，探索和发掘那股潜藏于内心深处、烙印于民族灵魂的强大力量。这本书秉承了《文明密码》节目的特质，并以客观的第三视角清晰完整地用图文梳理了中华文脉的传承，让我国的传统手工技艺等非物质文化遗产在某种意义上得以留存。这本书是部分传统民俗、文化的"档案"，也是对中国匠人精神、匠人技艺的记录。

最令我感动之处在于，《文明密码：地道美物》客观地记述并还原了中国的民俗传统和工匠文化。这些我们传承于先人，也必须流传至后辈的记忆，是中华儿女的骄傲，也是中华文明的脊梁。它是我们民族文化的传承，更是我们民族的品牌。作为泱泱大国，我们有自己的风格。悠久的历史、灿烂的文化，赋予了东方文明独特的生命力和神秘感，而中国的文化风俗、工匠精神也必将在平凡的生活中薪火相传下去。

我希望更多的人可以阅读这本书，关注这个领域，发现并感受中华文化、华夏民俗、中国技艺之美。

2019 年 5 月于北京

感谢《文明密码》团队中的每个人,是你们用镜头探索、守护着华夏瑰宝、中华文脉,用汗水和泪水开启了《文明密码》的征程。

目 录

雅 集

文玩核桃，掌中乾坤　　1
树根的艺术　　9
紫檀车珠　　15
紫檀罗汉床　　23
天赐之石——巴林石　　31
石皇鸡血，草原瑰宝　　39
徽派盆景　　45
康保肉石　　51
腾冲翡翠赌石　　59
寻端砚　　65
唐河彩石　　77
做香　　83
书香中国话传承：徽墨　　91
文房重器，砚之美　　97
湖笔：毛颖甲天下　　103
宣纸：纸中王者　　109

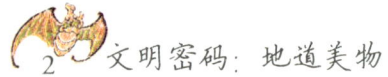

匠 心

巴中皮影　　119
潍坊风筝　　127
华夏舞龙探奇　　135
蛋壳陶　　159
朱仙镇木版年画　　165
介休琉璃　　173
龙泉剑：色如霜雪，匣吐莲光　　181
浚县泥咕咕　　189
郫县鸟笼　　195
热贡银匠　　201
蜀绣：锦线绘韶华　　207
唐卡艺人　　213
高桥手绣　　219
铝箔画艺术　　225
硬木烫蜡技艺　　229
苗韵芦笙　　235
竹笼桫椤　　241
百笋宴　　247
步步糕　　253
蛇盘兔　　259

雅集

文玩核桃,掌中乾坤

　　一对核桃,握在掌心,不停地旋转,不但能转出健康、玩出长寿,更能把玩出玲珑剔透、光亮可鉴的"艺术品"。小小的核桃,令诸多文人雅士爱不释手,趣味盎然的把玩过程中,形成了一种独特的、唯中国所独有的文玩文化——文玩核桃。

　　中国人赏玩核桃起源于汉朝,在两千多年的历史长河中盛传不衰。至清代,宫内揉核桃盛行,自然也影响到了整个社会,当时俗语有云:文人玩核桃,武人转铁球,富人揣葫芦,闲人去遛狗。其中,玩核桃者居首。

　　如今,赏玩核桃已经走入了寻常百姓的生活,一颗小小的果核如何蜕变为掌上珍玩?这里面的学问可大得很。

野生核桃珍稀难求

每年白露时节，北京平谷都会掀起一场没有硝烟的战争。因为这里是麻核桃的盛产区，最有名的"四座楼狮子头"就产自这里。

麻核桃，是一个核桃品种。其内果皮坚硬，有皱褶，黄褐色，经剥皮、漂洗、晾晒，就成为了人们喜爱的文玩核桃的初级状态。七八月份，正是麻核桃成熟、下树的季节，各地的核桃商们会在这段时间"转山"，争夺为数不多的野生核桃资源。遇到货源紧俏的时节，彼此红了眼动起手来也是常有的事。

为什么这野生核桃格外珍贵？

因为文玩核桃可是先看个头的，越大越珍贵！直径达到4.5厘米以上的核桃，品相佳的单个市值就可达上万元。而往往品种纯良的野生核桃树，才能结出上佳的果实。

那么，平谷的"四座楼狮子头"又缘何如此受追捧？古时，"四座楼"乃平谷最高的山之一，因早年此山上有四座明长城城楼，故得名四座楼。清朝时，八旗子弟们赏玩的文玩核桃全都是纯野生核桃，均产自这里的四座楼村。这里的野生核桃，矮桩大肚，平底厚边，外形上庄重大气，纹路规整舒展，不但皮质密度好，而且核尖直接闷进去一面，也就是行家们常说的"闷尖狮子头"。因此，"四座楼狮子头"便逐渐成为文玩核桃中最具代表性的一个种类。

如今，四座楼村纯野生的核桃古树几近绝迹，一些经过人工移栽、嫁接的半野生树已属珍稀，所以当地若是谁家能够培育出这样一棵树，当果实成熟时，一些核桃商会将整棵树包下，以单个几百至上千的价格收购树上结出的所有青皮核桃，其真无异于是一棵摇钱树了。

赌青皮和配对儿

青皮，就是刚下树，还没去掉皮的核桃。从成熟度上佳的青皮核桃开始，文玩核桃的"玩赏之旅"已然开启，最受欢迎的便是"赌青皮"。

就像玉石界的赌石，核桃市场也有赌青皮的玩法。河北涞水，是津京冀地区最大的核桃批发产地，这里村村户户都做核桃的生意。每年核桃成熟的时节，这里的交易市场上会经常上演令人心惊肉跳的赌青皮戏码。

所谓赌青皮，是指核桃商或种植户们将挑选或收购到的青皮核桃一对对放在一起，这些青皮从外形上看，是无法准确预知其内里的核桃究竟是什么样的。顾客凭经验或喜好选中后，会与商家谈妥价钱并先付钱给商家，然后再将这青皮去皮剥开，无论里面核桃品相如何，顾客都要把核桃拿走。

如果眼力好，挑到的核桃皮薄个大、纹路佳，这也只能算成功了一半。因为文玩核桃可是"论对儿"把玩的，"赌青皮"的两个核桃能够从形状、大小和纹理配成对儿才能算真正成功，所以赌青皮很关键的一环就是"配对儿"，两个青皮核桃剥开之后，各方面均"门当户对"，这才算是皆大欢喜。

从初始到珍玩

当然，如此受玩家青睐的文玩核桃，可不是凭这样的撞运气来成就的。从果核到成品，其有非常完整细致的一套行业规范流程。

核桃商们将完全自然成熟的青皮收购回来后，不会着急剥皮。因为核桃果实刚下树时，里面满含浆水，与果核粘在一起，核桃不脱骨。放置几天后，青皮出现脱水皱皮，

这时剥皮才不会伤及果核的纹理质地。

剥青皮是个技术活,必须将果实底朝手心下方,下刀时避开内核的棱脉,轻轻将果皮剥离。剥皮后的果核经过洗刷、晾干成为文玩核桃的初级模样,接下来的关键就是"配对儿"。

核桃配对儿,要观"前后左右上下"六面。两面相配叫配对儿,四面叫基本配对儿,五面叫精品配对儿,六面叫佳对儿,六面都堪称完美的叫绝对儿。配对儿,首先外观大小要相近相似,越相似越完美。运用专业的卡尺,先量出核桃的外宽边,再量"肚"的直径,然后是高度。大小尺寸上达到一定标准的核桃还要纹理舒展,肚儿饱满不亏肉,如此最终能够配在一起的,才算"佳偶得成"。

配成对儿的核桃来到盘玩者手中,经年不断地在手心中把玩、转揉,会呈现出如漆如玉的透亮晶润,所以文玩核桃又被称为"揉手核桃"。玩核桃的人,最初的目的就是强身健体。因为核桃能按摩掌心穴位,不停活动手指,对血液循环有极大的好处。现代科学证明,揉核桃能延缓机体衰老,对预防心血管疾病、避免中风有很大作用。特别是长期从事案头工作的人群,把玩核桃更能起到舒筋活血、预防职业病的功效。而通过把玩,一对普通的核桃年深日久变得油润盈泽,成为一件不错的艺术品,真是一举两得。

千年微雕工艺——核雕

其实,文玩核桃的概念并不仅限于掌上把玩的揉手核桃,还有一个大类,是匠人和雕刻爱好者们于方寸之上塑造出的一方微观天地,称为核雕。

核雕,也是文玩,也就是文人的爱物。它讲究营造意境,方寸之间展现出大千世界的种种情趣,甚至还要寄托人的一份精神理想。它蕴含着隐逸的情趣,诗情画意,耐人寻味。

适合雕刻的果核不单局限于核桃,橄榄核、胡桃核、桃核等都是常用来雕刻的果核。选择雕刻果核,不像揉手核桃那样以寻求个大、圆、润为目标,一些"异型果核"反而更受雕刻者青睐,能够激发灵感,使其创作出造型别具一格的作品。核雕的创作空间非常窄,所以雕刻家从原料选择上就要开始构思设计,根据形状、纹路,决定如何"开脸",因为纹路过深的果核并不适宜雕刻,果核自身的纹理使雕刻有很大的局限性,所以好的核雕产品便越发珍贵。

舟山核雕之奇

苏州太湖边的舟山村,是驰名中外的"核雕之乡"。在这个小村子里,每年光是用掉的果核就达十几吨之多。二十年前,舟山拥有核雕手艺的匠人不过四五十人,而如今,这里家家户户近千人都在从事核雕,整个舟山已经形成一条完整的核雕产业链,传统的老工艺在这里绵延传承。

舟山核雕种类繁多,而"罗汉头"从清代开始,一直是舟山核雕的当家产品。它讲究五刀定位,五刀下去,轮廓已定。罗汉头,一般要雕刻出十八粒,"十八罗汉"个个面容迥异、形神兼备,再穿成念珠或是手串,成为难得的艺术珍玩。

另一个极具代表性的舟山核雕是"核舟"。

"舟首尾长约八分有奇,高可二黍许。中轩敞者为舱,箬篷覆之。旁开小窗,左右各四，共八扇。启窗而观，雕栏相望焉。"儿时学《核舟记》，总认为此种技艺神乎其神，不能尽信真有人能够做到，如今，若你有幸能看到雕刻大师须培金的"核舟记"，便会相信，一颗小小的橄榄核上，能尽情展现一段生动的故事。

一只长不盈寸的小小核舟上，会呈现出32个形态不一的人物，并且每人各司其职，有生炉子的，有摇船的，有饮酒吟诗的，惟妙惟肖。雕刻时，不需要任何放大设备，一切全凭匠师的眼力。橄榄核的厚度只有0.4厘米，并且也比较脆弱，稍有不慎就会前功尽弃。所以，雕刻时一定要屏息凝神、专心致志。就算是技艺熟练的老匠师，刻好这样一件"小舟"，也需半月余的时间才能够全部完成。

不要因为核舟之上人物众多、神形各异，就以为雕刻人物最难，实际上最难雕刻的部位是小舟上的窗户。

匠师先用铅笔在不足四分之一指甲大小的窗户雏形上勾勒出线条，刻出窗户上的花纹，最后还要在窗户上打眼，用榫卯安到船舱上。这样的微雕海腾窗，不但从外形上具有窗户的形态，且开合功能一如真实使用，实在巧夺天工。由此，一颗毫不起眼的果核，一件普普通通的小物件，经过雕刻师们的妙手，化腐朽为神奇，成为了完美的艺术品。

核桃文化，"和"的文化

果核，这种吸取自然精华的天育之物，古朴淳厚，不媚不俗。古往今来，不论帝王将相、才子佳人还是平民百姓，都对这些玲珑剔透、光亮可鉴的玩物爱不释手。核，又同"和"，而中国传统文化中的"和文化"一直备受推崇。做生意的人讲究和气生财，邻里之间讲究和睦，于室于家讲究家和万事兴。同时核桃还谐音"祸逃"，祸逃走了，留下的便皆是圆满。

小小果核，一来具有实用价值，二来承载了"和"的文化，它们不仅是几千年来人们手中的健身器具和艺术把件，更耐人寻味的，是人们在其身上寄托了美好愿望与理想。一枚坚果，在文玩界，在核桃商人、核雕艺术家和收藏家们的手里，从普通的物件变为了极具收藏价值的艺术品。正是这样一条完善的产业链，将文玩核桃的历史和技艺传承下来，发扬光大。文玩核桃正以其独有的魅力，吸引着四面八方更多的人为之倾心。

树根的艺术

"取其自然,巧加修饰,神形兼备,天人合一……"

有种艺术,只做减法,却能将废弃腐朽之物转化为巧夺天工之品,这种在自然美的基础上进行创造性再加工的造型艺术,就是根雕。

根雕,又被称为根艺,是我国独特的艺术门类之一,被誉为"东方最有特色的艺术"。根雕工艺讲究"三分人工,七分天成",在创作中,主要利用根材的天然形态来表现艺术形象,辅助性、少部分地进行人工处理修饰。

根艺历史源远流长

根雕艺术源远流长，几经兴衰，有着十分悠久的历史。

早在原始社会时期，人们已经会用木、玉、骨、贝等制作装饰品，以及用树根或竹根来制作装饰品。1982年，湖北江陵出土了战国时期的一件根雕作品——"辟邪"。

这是一件作为镇墓兽的根雕作品，制作于战国晚期，距今约2300年。其为虎头、龙身、兔尾的四足怪兽，四足雕有蛇、雀、蛙、蝉等纹样，整件作品依形夺势，古雅朴实，只略在局部地方加以雕刻，可谓浑然天成。可见，早在两千多年前，我国的根雕技艺就已经达到了自然形态和人工雕琢巧妙结合的水平。

南北朝时期根艺发展突飞猛进，有齐高帝赠予隐士僧绍"竹根如意"的记载。至隋唐时期，《新唐书·李泌传》记载，李泌将龙形松木抓背献帝，四方争效之。由此可见，根艺已成为皇室的珍爱。韩愈还曾在《题木居士二首》中描述："朽蠹不胜刀锯力，匠人虽巧欲何如。"

明清时根雕艺术进入巅峰期，有以竹根雕著称的濮仲谦为代表的金陵派，和以朱鹤为代表的嘉定派。根艺家们把精湛的雕刻技艺融入到根艺创作中，把根雕作品表现得淋漓尽致。这时期的根艺摆件不但精美至极，连那些花几、笔筒、手杖等实用品也堪称一绝，上至王公贵族，下至平民百姓都争相收藏。

中华民国时期，灾难深重的社会形态使根艺生产一度遭到严重破坏。中华人民共和国成立后，根雕艺术逐渐恢复生机,1985年在中国美术馆举办了"中国根的艺术联展",并成立了"中国工艺美术学会根艺研究会"。如今,根艺创作以其独具匠心、妙趣天成的艺术感染力,受到越来越多人的青睐。

慧眼识根材

一兜树根、一个树桩,或埋于地下,或焚烧于炉灶内,或被丢弃于荒野中……这些普通人眼中平淡无奇的废料、柴火,当遇到了根艺师,经过艺术再创作,便被赋予了新的生命与灵魂,变成一件件栩栩如生的艺术品。

化腐朽为神奇的起始,是寻找合适的根材。

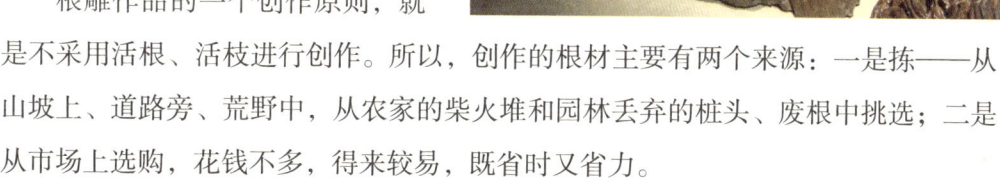

根雕作品的一个创作原则,就是不采用活根、活枝进行创作。所以,创作的根材主要有两个来源:一是拣——从山坡上、道路旁、荒野中,从农家的柴火堆和园林丢弃的桩头、废根中挑选;二是从市场上选购,花钱不多,得来较易,既省时又省力。

一个好的根雕原材可遇而不可求。在造型上,根雕原材的标准可概括为稀、奇、古、怪。创作者根据其自然的形态状况以及时间留下的痕迹,发挥想象,经过简单的修饰打造,充分体现其自然美的特性,因此,任何一件根雕作品都具有唯一性,这也是其重要价值的表现之一。

寻找根材的过程,是运用生活经验和艺术修养寻找创作题材的过程。根艺素材来自大自然的鬼斧神工。一般来说,年代久远、木质坚硬、造型奇特的材料是根雕创作的上佳选择。奇特的根往往生长在环境最险恶、最艰苦的条件下,如背阳生长或缺土、少水、乏养分,并经雷劈、火烧、蚁蚀、石压而顽强生存下来,年越久,质越坚,造型也越奇崛遒劲,是根艺的理想用材。正是这些艰苦条件的限制,根才长得奇形怪状,因而在山区、沙漠地区、悬崖峭壁处,奇特形态的好根材更易寻获,而生长在平原的树根,因养分充足,生长快,木质纤维也较松,难以形成奇特形状。

胡杨,根雕首选之材

根据生活环境寻求根雕原材,那么,有一个地方,是天然的根雕原材天堂。

喀什,丝路上的明珠城市,两千多年来一直延续着属于自己的文化脉络。城市之外,喀什呈现出的是另一番景象。在其东部的塔克拉玛干大沙漠,生长着新疆最美的树——胡杨。

胡杨是新疆最古老的树种之一,维吾尔族称之为"托克拉克",意为"最美的树"。胡杨耐旱耐碱,生命力极其顽强,人们赞美胡杨:生而千年不死,死而千年

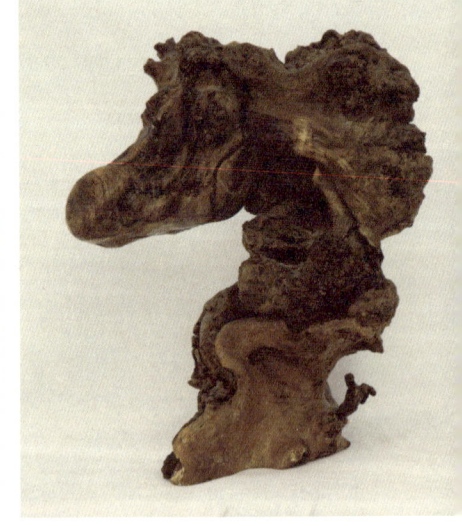

树根的艺术

不倒，倒而千年不朽。

胡杨历经千百年风沙侵蚀、太阳暴晒等恶劣的环境和大自然的鬼斧神工，造就了其他树材难以企及的纹理。它木质细腻坚硬，木性稳定不易龟裂变形，经过大自然的雕琢，它的树根形成各式各样的疤节、瘤体，坚硬遒劲、造型奇诡，是不蛀不朽，能长久保存的树种。

胡杨天生的独特姿态给了雕刻者非常大的创作空间和想象空间，令其成为根艺创作者们十分青睐的根雕原材。已近耳顺之年的老根艺家王一友，从事根雕创作三十多年，他格外钟爱以胡杨作为原材创作，十多年前从东北老家来到喀什定居，专注于胡杨根雕的创作。

新疆广袤的土地上遍布着丰富的根雕材料，十几年来，王一友从喀什各地收集到众多造型各异的胡杨木，"在以前，人们将胡杨木叫作梭梭柴，奇形怪状，是用来打馕烤肉的柴火。如今，这些木头经过加工雕刻后神形兼备，化腐朽为神奇，成为了难得的艺术品。"在王一友的眼中，满院子的"柴火"是熠熠生辉，令人爱不释手的"宝贝"。

胡杨根雕，巧思巧工巧艺

喀什的岳普湖县，有一片原生的胡杨林，这里有的树树龄已有千年以上。年代久远的古树，树干中央已经完全中空干枯，可遒劲向上的枝丫却仍然生机盎然、绿荫铺地。

选胡杨做根雕，首先必须是自然死亡的胡杨，活体绝对不能选取，因为每一棵胡杨都是大自然的精灵。茫茫沙漠中，保护生态不单是口号，也是必须遵循的自然之则。

胡杨根雕，以根枝的自然形态以及畸变形态为创作对象，取其自然，在似与不似之间将精妙呈现。根雕创作不同于其他雕刻技巧，需要最大限度地保留材料的天然形态。根艺家只有善于观察，通过外在领略其内在的奇、特、怪、妙，巧思构想，顺势而为，才能成就一件意境深远、回味无穷的艺术作品。

制作一件胡杨根雕不是简单的事，需要根艺师"三雕七磨"，一般可分为脱脂处理、去皮清洗、脱水干燥、定型、精加工、配淬、着色上漆、命名等八个步骤。在原本树材的基础上，通过裁、削、刻的灵活加工，巧妙地利用根的枝、须、洞、节、疤、纹理、色泽、态势等自然特点，做出适宜的造型。

胡杨根雕的工艺并不复杂，然而要创作出一件完美的作品，不仅需要根艺家凭借敏锐的目光、聪明的才智以及灵巧的双手因材施艺，更需要机动取舍，使自然美的"奇"与人工美的"巧"完美融合，将树根奇怪局限、似与不似的物态，改变成唯美深远、寓意独到的形态。一件根雕艺术品，只有融入人类的思想与情感，达到"天人合一"的境界才称得上完美。

根雕艺术，大气、自然、开阔，其形顺境而生，质朴率真，不追随，不束缚，不违和。这种凝聚着生机、灵魂的艺术创作，必将传承久远，呈现出更加璀璨的艺术魅力。

紫檀车珠

如今的文玩手串市场,种类繁多,保守估计,仅木质手串的种类就已达到四十余种。不同的木质手串,因为品相、料质、油性、密度等因素,其价格也千差万别。但毋庸置疑,这其中有种木质手串价比黄金,堪称贵族,它就是紫檀。

高贵的"出身"

紫檀木是世界上最名贵的木材之一,在我国属一级保护植物。在国家《红木》标准中,紫檀木类适用的树种只有一种,即学名"檀香紫檀"的小叶紫檀,为红木之首。"红木共分八类……其中紫檀木类的适用树种仅一种,为'檀香紫檀',产地:南亚一带的印度南部。"又据故宫博物院研究员胡德生先生讲:"属于紫檀属的木材种类繁多,但在植物学界中公认的紫檀只有一种'檀香紫檀',俗称'小叶檀',其真正的产地为印度南部,主要在迈索尔邦。"

小叶紫檀属花梨木,多产于热带、亚热带原始森林,以印度小叶紫檀为优,其余各类檀木则被归为草花梨木类中。小叶紫檀坚实厚重,木质细腻,密度大,棕眼小,稳定性优,耐雕琢,纹理漂亮,韧性好,色泽初为橘红,久则深紫如漆,几乎看不出年轮纹,脉管呈绞丝状,状如牛毛。

檀,有"善木"之意。紫檀出身豪门,自古即为皇室贵族家具专用木材,被称为"帝王之木"。中国自汉代起,即认为紫檀是最名贵的木材之一。最早关于"檀"的记载,始见于《诗经·伐檀》,"坎坎伐檀兮,置之河之干兮"。晋代,崔豹《古今注》有记载,时称"紫檀木,出扶南,色紫,亦谓之紫檀"。唐宋时期,紫檀多被制作成乐器,如槽板的琵琶。《全唐诗》中,张籍《宫词》写道,"黄金捍拨紫檀槽,弦索初张调更高。"至元代,朝廷派专人从海外以重金购买的紫檀木,已成为元大都宫殿建造中不可多得的珍贵建筑材料。

明朝,紫檀应用发展扩大,被制成多种家居用品,甚为皇家所重视。海上交通的发展和郑和下西洋,沟通了与南洋各国的贸易与文化交流,这其中名贵的木材贸易就包括紫檀。但这还远远满足不了庞大的统治集团的需求,于是,明朝政府派官赴南洋采办,随之而来,私商贩运也应运而生。到明朝末年,南洋各地的优质红木尤其是紫檀木,很大一部分被捆载而去。

清初,世界各地所产紫檀木绝大部分都汇集中国,清早期还在使用明代的库存。紫檀家具几乎为宫廷垄断,户部专门在南亚、东南亚设立采购点为宫廷采购紫檀。

清中期，库存用完，货源一时中断，由于紫檀木的紧缺，皇家不时从私商手中高价收购，在清宫"造办处活计档"中，差不多每年都有收购紫檀木的记载。

清中期以后，各地私商囤积的木料也全部被收买净尽，这些木料中，为装饰圆明园和宫内宫殿，用去绝大一批；民国初年，仅存的紫檀木已悉数用光。

如今，随着人们收入的增加、生活条件的改善，追崇红木古典家具的风潮甚嚣迭起，市场需求日盛一日，加上紫檀木即将被列入环保之列，禁止采伐，与象牙、犀牛角等同样列入保护行列，有关国家也严控出口，因此紫檀木的价格迅速攀升，近几年价格提高了十倍不止，目前市场均价已超过百万元每吨。

寸檀寸金的因由

之所以"寸檀寸金"，并非只因紫檀为皇室所垄断，而是因为其出材率极低，资源奇缺。

紫檀生长极其缓慢，5年才长一年轮，800年以上才能成材，对于那些年轮清晰的木头来说，沿直径方向每毫米的距离内，一般有3到5条年轮线，也就是说1厘米需要生长30到50年，每寸需要生长100到160年；而我们看到的紫檀木，小的直径10厘米左右，常见的在20厘米上下，超过30厘米的极其稀有。对于20厘米直径的檀木，折算下来应该生长了300~600年。

正因这岁月的沉淀，令紫檀木质坚硬、致密，硬度为木材之首，适于雕刻各种精美的花纹。打磨后，木质极富油感，有犀牛角般的润泽，且纹理纤细浮动、变化无穷，色泽呈深紫或黑紫，大方而美观，是非常优良的制作家具的材料，故被视为木中极品。

紫檀成材大料极难得到的另一原因，是因为紫檀常有"十檀九空"的现象。

因为紫檀生长在环境复杂的山地，土地不肥沃，成材周期要几百甚至上千年。生长环境的恶劣，导致紫檀木树干会弯曲，造成纹路多呈不规则状，纹理粗细也不均匀。由于养分的极度匮乏，紫檀为了保护自己，其自身会慢慢吸取心材的营养，导致紫檀靠近心材的部分越来越酥软，直至心材的营养完全被吸收，然后发糠、变白，最后成为"死檀"，油脂也消耗殆尽，糙若木屑。仿如我们人一样，饥饿难忍时常会说"饿得心发慌"，就是这个意思。

我们所见到的小叶紫檀，实际上只是小叶紫檀的心材，外面还有很大一部分白皮是不能被利用的。真正野生林生长的紫檀树，空心率更是高于90%，几乎棵棵空心，其原木直径要比紫檀的人工林小很多，从目前记载数据上看，很少有超过25厘米的，年轮也几乎看不出环形的圆圈。所以，十檀九空、杂裂甚多，导致用紫檀野生林做大件家具的局限性，就使得如今市面上可见到的老料紫檀家具一物难求，加上历史久远、巧夺天工的造诣，成就了紫檀家具贵重奢华、极具市场竞逐优势的收藏价值。

真正小叶紫檀的材料目前在市场上很少，据统计，我国每年网购加上实体店购买紫檀类物品的交易额达几十亿元之多，但基本上十檀九假，除了三大名檀，普通买家很难买到正品。综上不难看出，高贵的出身、独特的材质、强大的市场，使得紫檀"木中之王"的地位无可撼动。

辨识紫檀有学问

紫檀如此稀缺昂贵，大的物料刻件几乎可望而不可即。如今走进市场，为大家所热爱追捧的，便是紫檀手串。

获得紫檀手串有两种途径，一种是直接购买成品手串，一种就是自己选料加工。

购买紫檀手串，需具备专业的辨识经验：一看花纹，二观棕眼，三看颜色，四闻气味。

紫檀的纹理交错十分美妙，细密柔和，走向均匀，但其木纹不明显，有的几乎看不出年轮纹。"牛毛纹"是紫檀的重要特征之一，紫檀丰富密布的牛毛纹是其他任何木材所无法比拟的，是鉴别紫檀的方法之一。

棕眼，即木头的气孔，是树木输送水分和养分的导管。紫檀的棕眼细腻，野生林小叶紫檀棕眼小且少，速生林和人工林小叶紫檀棕眼多而且孔比较粗糙，所以棕眼越细，说明木质内部越紧密，密度高且油性好。所以挑棕眼少且小的才是经验之选。

新开料的紫檀，颜色通常为橘黄色或者橘红色，经过氧化颜色会越变越深，到最后接近深紫红。因为小叶紫檀当中含有紫檀素，和空气、紫外线接触后会氧化，越氧化颜色越深。

紫檀会散发独到的馨香，这种香气有益五脏，能有效稳定平衡情绪，助益睡眠，帮助修佛之人禅定。古人认为芳香行气，即独到的气味可以使人沉寂安详，同时可以加快体内的新陈代谢，助益身心。

除了以上四种最基础的辨识方法，挑选优质的紫檀手串还有一个标准，那就是"挑金星"。

金星，其实是收藏界的俗称，是土壤中的矿物质成分在小叶紫檀树干的营养通道中常年沉积，形成有金属光泽的点状或线状纹理。也有人认为，是紫檀本身腐烂物质和树脂的结合物。

金星紫檀与其他紫檀的区别在于，其切面上可以看到点状亮晶晶的银白色或浅黄色物质排列，其中银白色的是银星，浅黄色的是金星，在光线的照射下会有反射的光芒，在深紫色的小叶紫檀上犹如满天星斗般，显微镜下可以见到这种物质发出荧光色。并不是所有的小叶紫檀树干都能产生金星，只有特殊土壤环境下才能形成。如紫檀木生长的地下水富含矿物质，那么它在生长的过程中将水中的矿物质沉积在体内，就有了金星。

相比普通紫檀，金星紫檀的数量少很多。因此，金星紫檀在市场上也是千金难求，一般的紫檀手串几百元，带有金星的，身价会立时翻几倍。所以挑选成品手串，首选有金星的就对了。

车珠自制，我的手串我做主

顶级优质的成品紫檀手串，价格十分高昂，如果想锻炼眼力又节省成本，不妨试试选料自制手串。

第一步，需要到紫檀原材市场或文玩店中购买原木。选购木料，也叫"赌木"，因为就算老行家，也不能完全保证所选原材能出"金星"，没有空心。一半靠经验，一半靠运气。第二步，将选好的原木拿到加工厂，将不规则的紫檀木料开锯切块，其中空心、黑筋的部分裁掉，裁成饼料。饼料上"盖章"，每一个章代表一颗珠子。所以如何盖章能出最完好的珠子，需凭良好的眼力和经验。第三步，在拉花机上，将每个小章开成圆柱形小块，然后打孔用于穿珠。第四步，在水车上把小圆饼加工成球形，珠子雏形就出来了。第五步，需要将珠子手工打磨圆润，砂纸目数从180目开始至2000目、3000目逐步提升，这要根据珠子最终呈现的品相而定。最后，通过分拣精挑细选，把珠子按品相归类，穿珠打结制成手串，就算完成了。

上好的原材，有经验的行家从木块的切割面就能看出含有金星。有时，如果幸运遇到一些年代久远的拆房老料，刚经切割开，就会散发出迷人的檀木清香。稀贵的紫檀老料，黝黑如墨，不管有没有金星，历经风雨浮沉走过几百年的历史，也让人感叹如获至宝。

说到手工打磨这个环节，还有些有趣的学问。一种是将珠子打磨到600目，因为600目的时候金星和牛毛纹最明显，很能体现小叶紫檀的特性；另外一种是高抛，打磨到2000目至3000目，甚至更高。这样打磨出的珠子外观十分漂亮，上面的牛毛纹和棕眼都被细砂纸打磨得非常细小，看起来异常细腻圆润，油性好的料子经高抛会非常的光亮油润，出现镜面效果。

经过多道工序，馨香圆润的紫檀手串最终呈现眼前。纯木珠手串从美观角度讲，还略微差些味道，所以需要进一步的美化装饰。通过出色的装饰设计手法，添加精巧的配搭物，也同样会令手串的身价节节攀升。

紫檀的历史角色从帝王之高檀到百姓之珍玩，从原材到车珠再到一串串心仪的手串，如今的玩家爱好者们，磨的是眼缘，盘的是健康，享受的是徜徉历史沉淀的过程。

紫檀罗汉床

中国是一个崇尚木质器物的国家。

"木者,春生之源",在五行中,"木"代表东方,代表着生生不息,表示"气"的舒放运动。木,拥有本真谦和的特质,放置于任一空间,都能与周围环境和谐共存,融洽调和。

我们的传统文化讲究人与自然协调有序,崇尚自然并尊重自然。古人认为,树木是人与天地交流的通道,是人们向上天传达自己愿望的途径。在人与自然的这种对话和交流中,人们种树为林,伐木取材,运用高超的木作工艺,将取自天然的"木"盖成房屋、制作家具、雕刻成件。吃、穿、住、用、行,每个生活细节无不与"木"息息相关。

这不仅赋予了木制品深厚的文化内涵,在打磨建造和精雕细刻中,也记录了中华民族数千年的文化与历史。从古至今,还没有哪一个民族像我们这样,对木材的材种和材性有着极致的追求和探寻,大量使用最顶级的木材制作出一幢幢、一件件美轮美奂的木质建筑和器物家具,形成了独具东方特色的"木文化"。

皇家园林中的明清家具

中国传统木质家具历史悠久、源远流长,经过数千年的发展,至明清时期达到鼎盛。

明代木质家具结构明快、造型大方,追求古朴典雅,装饰洗练,不事雕琢,注重实用、美观;清代家具沉稳厚重、装饰繁复,重雕刻和镶嵌,造型奇巧多变,以富丽华美著称。

明清家具工艺精湛、线条流畅,突出木材天然的纹理色泽,透露出中华文化特有的风貌。毋庸置疑,宫苑家具代表了这时期中国古典家具制作的最高水平,它将中国传统的审美观念、哲学思想和实用精神,通过精湛的制作技艺灌注凝聚于方圆凿枘之间,创造了独树一帜的中华家具文化。

要探寻明清古典家具的文化脉络和登峰造极的艺术成就,绝对不能错过一个地方——颐和园。

　　颐和园是中国历史上最后兴建的一座皇家园林,始建于乾隆时期,咸丰末年焚毁涂炭,光绪中重建,光绪二十六年又遭八国联军破坏,光绪二十八年又一次修复。虽历经沧桑多舛,但作为康乾盛世"三山五园"中保存至今最为完整的一座皇家园林,颐和园是除紫禁城外,晚清最为重要的政治舞台。

　　颐和园是目前世界上保存中国明清古典家具最多的地方。园内陈设丰富,现藏各类明清家具三千余件,囊括了这一时期坐卧类、置物类、屏蔽类等所有款式风格的家具品种。所藏家具全部为清代宫廷遗存,数量丰富,体系完整,材质多样,工艺精绝,兼及明末清初和晚清时代风格的完整性,并呈现了京作、苏作、广作的地域性风格，以紫檀、黄花梨、金丝楠木等多种珍稀木材为主，在制作和材质上都可称为中国历代家具的最高水准。

颐和园的皇家家具，是除故宫外，唯一成体系的清宫皇室家具，展现了中国古代宫廷家具至高的艺术成就。这些精美绝伦的物件，历经七代君王，见证了一百六十年的沧桑巨变，为我们铺陈出一条充满聚散离合的历史轨迹。其中，最为重要的，要数清代宫廷紫檀家具。

宫廷重器：天下第一床

紫檀，凝聚几百年日月精华的"木中之王"，静穆沉古，典雅尊贵，在绚丽的清廷木器文化中，紫檀木器是当仁不让的宫廷重器。

论刚，紫檀在所有硬木中木性最稳定，再恶劣的气候都难以使之变形；它色泽深紫，纹理若隐若现，虽是木材，一经细致打磨，立刻闪耀出幽深、仿如金属的光泽，用手抚之，滑如绸缎；紫檀在佛家的释解中更为精妙，为佛祖坐化焚骨之木，象征宁静祥和，能化解戾气，有驱邪避凶之效。礼佛之人佩戴用紫檀制成的念珠，可提高悟性。

论柔，它天然散发独有的香气，可调和气血，稳定情绪，益于脏器，碾碎还可入药，用于定痛止血；纹理细腻到肉眼不可辨，但在光线的变幻下却有不同的表象。最可称道的是，紫檀木横向走刀不受阻，如有雕工，能把纹饰的细微之处淋漓尽致地表现出来，细者穿枝过梗，俗称过桥；粗者圆润丰满，尤其表现花卉的阴阳向背、动物的肌肉翎毛，紫檀雕工的细腻为其他材质所不可企及。

这种刚柔相济、沉稳洗练、木中王者的气质，承载着深层的中华文化底蕴，体现了中国人最高的审美取向，清代帝王取乎其上，万分钟爱紫檀。

颐和园内，清宫紫檀重器中，首推一件巨大的罗汉床，便是有"天下第一床"之称的"紫檀有束腰雕龙纹大罗汉床"。

说此床"天下第一"，绝非自大或夸张，而是有全面有力的考证和数据。

首先，此床体量巨大，充分显示了皇家气派。床身长2.78米，宽1.76米，高1.08米，是目前已知存世最大的罗汉床（见朱家溍、胡德生编写的《明清家具——故宫博物院藏文物珍品大系》"颐和园藏明清家具"篇），体量丰阔甚至大于一般尺寸的架子床，整体浑然天成，搬运时有如天物之感受，每条大边都达上百斤。

其次，用料宽绰奢侈，工艺选材登峰造极。整床通体以紫檀木制成，除弯腿内向的勾云部分为拼补外，其余皆为整木，尤其是正侧围子虽为"阶梯下沉状"，实则上部为横枨，也就是俗称的"搭脑"，乃出自一木，是用一整块无拼接的紫檀大料造就。要知道，对于"罕有大料、十檀九空"的紫檀而言，直径达到20厘米以上还不空心的，极为罕有。那么此床用料无疑是超乎想象的宫廷"奢华大手笔"，也只有在康雍乾那样的盛世，那样的大料储备和巧夺天工的技艺之下，才可诞生这样奢侈罕见的"巨制"。

再者，此床浑厚庄重，雕饰完满富贵、凝练华美。此床整体尺寸比传统规制的罗汉床宽大甚多，构成稳固、淳厚的气概。七屏风式床围，床面下有束腰，拱肩，鼓腿彭牙，内翻马蹄，带托泥。由于木材厚实，背板、扶手的板心及面下四腿、牙条均以难度很高的高浮雕技法雕刻云龙纹，刀法精密，圆润浑厚，层见叠出，不露刀锋。难度极大的高浮雕技法，能令纹饰玲珑浮凸，立体感十足。水波云龙纹庄严伟岸，龙纹栩栩如生，云纹舒卷生动，这样精湛的工艺，凝帝王神思，聚名匠妙艺，当出自清宫造办处的能工巧匠之手，世所罕有。

由此可见，这架"天下第一床"用料之奢、细节之考究、设计之独特，实为中国古典家具工艺水平之翘楚。历经岁月沧桑，床体包浆厚润，光泽深邃古朴，代表了我国古典床榻家具的最高水平。

趣拾轶事

罗汉床系古代大型家具之一，常因天灾、兵祸遭毁，体量如此广硕的罗汉床，能历经百载以上侥幸留存下来已是十分稀少，特别是用贵重如紫檀这样的木材制作而成更是罕见。

每年颐和园会有一个宫廷家具展，位于园内澹宁堂内。展览的规模并不大，但家具种类却颇丰，从桌、椅、凳、几到柜、箱、床榻等，几乎涵盖了所有的常见家具制式，而置于展厅最深处的便是这具"紫檀有束腰雕龙纹大罗汉床"。从颐和园开放展览开始，此床就颇为知名，展出后被各地厂家争相仿制。展览时是不允许拍照的，据澹宁堂的工作人员说，经常会看到有人蹲在床前描画纹样，一画就是好几天。

颐和园开放之前，对外可以租赁部分房屋。在当时，租房的多为驻京办联络处一些机构的外籍人员，出租的房屋没有家具，就用园内现有的旧藏配备，并不是什么稀罕事。据传，一个外国人睡此床一睡好几年，临回国时十分不舍，不得不想方设法照此床仿制一张继续用，此生能享受帝王般的待遇，对这位国际友人来说，足可算得上是段奇遇。

中国古典家具领域的著名专家田家青先生，也曾撰文记述过此床的轶事。"在以往的研究中，常能强烈感受到清宫廷家具是政治的产物。此床即是一个很好的实例：当对此床拍照时，参与工作的全体人员，包括摄影师、维修木工、搬运工都不约而同提出希望工作完成后能与此床合影留念……但当他们颤悠悠地坐上去后，又都称头有点晕,马上下来走到并站在了床的背后。看来,当年设计者突出皇权威严这一目的确实达到了。"

据悉,故宫博物院亦藏有一张造型、纹饰与之一模一样的罗汉床。只是故宫这件同款型罗汉床,没有弯腿下的垫脚,尺寸标注为长2.69米、宽1.68米,因无垫脚高度为1.01米。比照两具罗汉床,除垫脚承足的区别外(承足并非与腿足一木连做,遗失的可能性非常大),其余用料、设计、装饰皆如出一辙。相信这两件家具应该是同一时期的产物,依照清宫规制,两具罗汉床应是同一尺寸才对,却不知何故有所差别。令人惊奇的是,在清宫旧藏的记录中,此床被标注为"红木九龙纹床",而非紫檀木,实在令人匪夷所思。这背后的故事,又是怎样一段传奇?也许只有这件历史的"静物"可以向我们传递那些杳然而逝的声音。

国宝再现

在中国人眼中,床是一个庇护所般的存在,它给人踏实与安全感,让人安心舒适地神游梦境。但"罗汉床",其使用却突破了传统意义上的床的概念。

罗汉床造型大小似床,形制又似宝座,作为传统坐具与卧具之间的过渡性品种,是中国人智慧和应变性的反映,是家具进化的产物。

大罗汉床是一种坐卧两用的家具,一般在寝室供卧曰"床",在客厅待客则曰"榻"。床上正中置一炕几,两边铺设坐褥、隐枕,其可放置于厅堂待客,置于书房休闲,也可放在卧室睡眠,甚至可以放在屋外以供纳凉。因其既是床又是榻,兼具会客以及休闲等多种功能,是厅堂中十分讲究的家具。明清时期,贵族与官宦人家使用的罗汉床,除了供主人小憩外,主要用来配饰其他家具待客,常被摆设于书房、正房明间之中。

床上的炕几,既可依凭,又可放置杯盘茶具,作用犹如现代的茶几。主人与来客端坐两端,品茗、下棋、交谈,拉近与客人的距离;同时此桌亦可用来俯身写字读书,通常情况下,罗汉床上的炕几,其做工亦是精致讲究,用料、款式以及上面

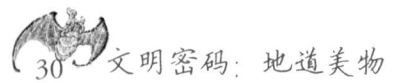

的图案雕刻和床的气质要如出一辙。

由传世的宫廷画作来看,乾隆皇帝当年最爱坐在罗汉床上读书思考,或翻阅古籍字画。从当年帝王的休闲生活,到当代专家学者对古典家具的研究,一张精美的罗汉床承载着历史风云变幻,也抒发着中国人的待客之道与休闲文化。如今,新时代的匠师们励志要将这一文化和技艺发扬传承下去,在北京一家知名的古典家具加工厂,厂长张俊斌经过多年精心研究准备,多方寻觅优质良材,立志要令这张"天下第一床"在我们现代人的手中重现。

当然,想要再现"天下第一床"绝非易事,为寻求此床最难开料的横枨,也就是俗称"搭脑"部分的原材,张俊斌几经周折,终于以近十四万的高价从一拆解后的古建筑上觅得。这根搭脑长2.7米,宽8厘米,曾以"山"字形下沉,乃一木完成。由于十檀九空,即使觅得直径满足横枨要求的原材,也不能保证木材内部的结构可以完全符合出料的要求。当日开料现场,大家都屏息以待,期望能够一次成功,但在上切割机时还是出现了小小的"意外"——原材在切割时冒出了青烟,这说明,其一可能是走锯过快,而其二则是因为锯子已经接触到了檀木的空心部分才会冒烟。满含担忧中,这根做横枨的大料原材总算走锯完成,所幸结果出人意料,竟是完全符合整木做"搭脑"的条件,这根原材身价也立时翻倍,无疑是场有惊无险的"豪赌"。

我们审视清宫家具,大都借助书籍印本,鲜能直面实物,若有幸亲自置身实物面前,那种宏富瑰丽的震撼力是溢于言表的。对于颐和园来说,从其前身清漪园到被战争破坏再到慈禧重修,恰好见证了一个朝代的历史流变,而置身其中的这些"静物"重器,是无言的历史见证者。如今,我们于历史的节点中驻足采撷,新一代的匠人决心复刻出"世界上最大最昂贵的紫檀罗汉床",张厂长说:"中国的古典家具,现在可寻觅到的,能够复原做出古典家具的木料已经越来越少……我们想按照原规格,选用最完美的材料把这张床做完,在我们这一辈人手中把它流传下去。"

时光不会倒流,但我们崇敬历史和艺术成就的心情一直延续着,有些辉煌,注定会在我们这辈人的手中再次绽放,成为具有全新意义的历史见证。

天赐之石——巴林石

中国的印章文化,古老又独特,是书法和金石刻艺相结合的一门艺术。印章,古时也称玺,是一种身份代表,也是一种依凭信物。它融汇书法、绘画、雕刻之美,具有实用、赏玩和收藏的价值,是中华民族独具特色的瑰宝。从风云战国到秦汉一统,制印多取铜、玉之材,至元明,文人以石刻印的风气开始风靡,印章文化从此步入石印时代,流传至今。

由此,瑰丽纷呈、流光溢彩的诸多名石步入历史舞台。

石料,质地细腻,色彩艳丽,柔而易攻,极易雕刻。一把刻刀,于小小的方寸之间,或细腻婉转或酣畅淋漓,尽抒己志,从而形成了独具特色的印石文化。中国传统印石文化,有"四大印石",其各具风姿:寿山石温润晶莹,青田石清淡素雅,昌化石色艳形美,巴林石斑斓瑰丽。这其中,巴林石最为年轻,开采最晚,但因其石质优良、名品辈出,且产量逐年减少,近年来随着艺术品市场的不断升温,其价格飞速飙升,一块石头动辄几十万、上百万,令无数人为之疯狂。

"偏宠藏秀无虚名,千万年旬养娇容",巴林石到底是怎样一种神奇的石头?不妨一起揭开这瑰丽奇石的神秘面纱看一看。

草原奇石，历史悠久

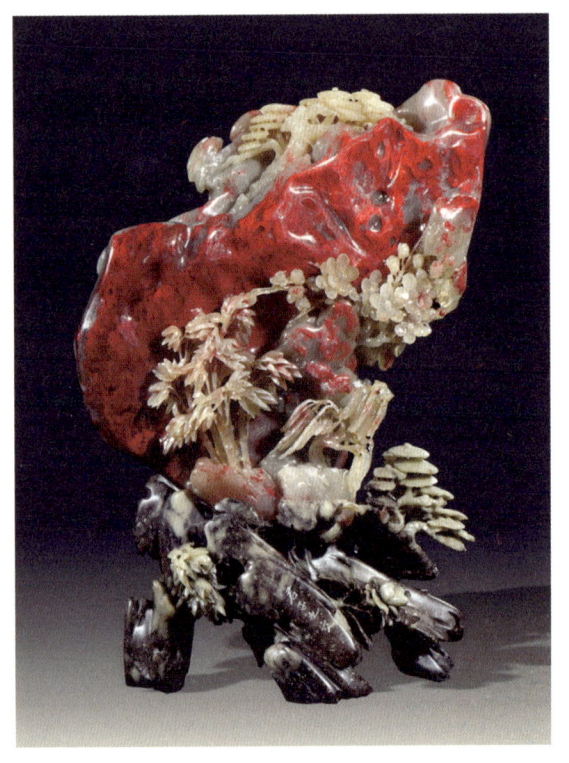

广袤的内蒙古大草原，西拉木伦河北岸，大兴安岭南段山地，这片美丽的土地有一个美丽的名字——巴林右旗。巴林石，就因产自此地而得名。

巴林石矿地处大兴安岭隆起带西南端，属于白音诺躁景峰二级构造断裂带。隆起带是地壳岩浆运动、变质活动非常剧烈的地段，巴林石的形成，离不开两次重大的地质运动，一次是 2.3 亿年前中生代三叠纪晚期的"印支运动"，另一次是约 2.1 亿年前的"燕山运动"。这两次大的造山活动，形成了后来被称为"特尼格尔图"，蒙语意为"有透明石头的地方"的神秘山峰。约在中生代侏罗纪晚期，巴林石矿在火山活动引起的地质作用和物理变化中逐渐形成。

巴林石开发和利用的历史悠久，早在公元前 4000 年至前 3000 年的红山文化时期，就已经有巴林石被采掘使用，久负盛名的红山文化玉器，有相当大比例的用料即为巴林石；商周秦汉时期，虽青铜兴盛，但尚玉、崇石之风也很流行，石制品制作工艺有了较大进步；公元 10 世纪初，契丹族在赤峰地区建立了辽，据称，辽太祖耶律阿保机使用的王印就是巴林石所制；元明清时期，以巴林石制作的手工艺品和佛教用品做工精巧，精致绝伦，形成独具魅力的地方文化符号，巴林王每次进京朝觐，必会带上用巴林石制作的精美贡品。

抗日战争时期，巴林石矿曾被日军大量盗采，加工成图章、墨盒之类，运往日本本土，至今这些石制品一直被日本人视为珍宝；20世纪70年代初，在周总理的亲自关怀下，国家地质部门正式对巴林石矿山进行了大规模的勘探，并且正式建矿开采。1978年，原国家轻工部将巴林石矿列为我国三大彩石基地之一，正式命名为"中国巴林石"。

关于这"草原奇石"，有不少动人的传说，其中就有"天赐之石"的由来。

相传13世纪初，铁木真在斡难河畔建立了蒙古汗国，称帝加冕尊号为"成吉思汗"，举办登基大典。各国使节纷纷来贺，诸将诸子鱼贯献礼，金银美玉、披甲武器、良驹美馔真是琳琅满目，样式奇异，应有尽有。在这盛大的庆宴上，献礼仪式的尾声，一位部落酋长踏进汗帐，向成吉思汗跪拜后奉上一只石碗。此石碗晶莹剔透，颜色艳丽，做工精美，其上花纹若高岭若险峰，飞瀑、野兽隐约可见，犹如名家重彩挥就，触之似石非石，似缎非缎，细腻光滑无比。成吉思汗观后大悦，不禁开怀赞道："此乃腾格里朝鲁。"（蒙语意为"天赐之石"。）

从此，整个蒙古汗国境内便传开了"腾格里朝鲁"的美名。巴林石的美称——"天赐之石"流传至今。

石质柔美,品类纷呈

巴林石是富含硅、铝元素的流纹岩,受火山热液蚀变而发生高岭石化形成。在其成矿晚期,一些硫化物和其他矿物质沿高岭石的缝隙贯穿,或斑布,或浸染,造就了巴林石色彩丰富,以及独一无二的"水草花"的特性。巴林石是天然珠宝玉石,隶属叶腊石,石质细润,通灵透亮,质地细洁,光彩灿烂,颜色妩媚温柔,似婴儿之肌肤,娇嫩无比。

按照颜色、质地、结构,巴林石分为福黄石、鸡血石、彩石、冻石、图案石五大类,每个大类又细分为若干品种,总计为百余个品种,可谓品类多样,绚丽多姿;巴林石共分为4个等级,即特级、优级、一级和二级,在技术上一般按照莫氏硬度、密度、血色、血量、颜色、质地、瑕疵、质量等综合评判。

与寿山石、青田石、昌化石相比较,巴林石最突出的两大特性就是质地更加通灵明透、色彩更加丰富多变,有朱红、橙、黄、紫、白、灰、黑等颜色分类,细、润、柔,透明度较高。

巴林石硬度适中,是上佳的印材石,其莫氏硬度为2—3,比寿山石、青田石、昌化石软,奏刀爽利,柔而易改,具有良好的可雕性和抛光性;少杂质,少绺裂,制印时可率性而为,既出效果,又具风格。正因这些特性,巴林石备受世人垂青和珍爱,尤其是雕刻家、篆刻家、藏石家首选的上乘石料。

如巴林福黄,石质透明而柔和,坚而不脆,色泽纯黄无瑕,集细、洁、润、腻、温、凝六大要素于一身,金石界素有"一寸福黄三寸金"之说;巴林鸡血石鲜艳夺目,凝红欲滴,是巴林石中最具魅力的品种,其石质温润坚实,色彩对比强烈,与昌化鸡血石齐名,有"南血北地"的美誉;巴林冻石的特点,主要在质地,观之如水,触之如冰,有一种特殊的清新和灵透;巴林图案石以天然见长,常伴有人物、动物、花鸟、山水等天然图案,鬼斧神工,奥妙无穷,无与伦比,令人在玩赏之余不禁产生丰富遐想,感叹大自然造物的神奇。水草花便是其中最美妙的一种,几乎无人不爱。

人称巴林石是集"寿山田黄"之尊,融"昌化鸡血石"之艳,蕴"青田封门青"

之雅的印坛奇瑰之石，其评价正可谓巴林石之写照。以巴林石为原料雕刻的工艺珍品，多次在国内外参展，誉满东西南北，从港澳到东南亚，从欧洲到北美，巴林石名扬四海，在国际市场上风头日盛，备受青睐。

深山采矿，原石竞拍

近年来，"奇石热"的风生水起，令巴林石身价日益高涨，一些上乘的巴林石品种，已接近或赶超寿山石、青田石等高级印材。一方印章，譬如巴林鸡血石质地，售价动辄数千万元，却已属平常。

开采、拍卖、赌石、切石、雕刻……每一环节和巴林石近距离的接触，都像是一场奇遇，令人兴奋不已，回味无穷。

巴林石矿山所在地叫特尼格尔图山，蒙语意为"有透明石头的地方"。由地上进入巴林石矿那深长的隧道，冷意立刻萦绕周身，仿如进入了冰库，因为矿洞与室外的温差高达二十余摄氏度，可以说是地上地下两个季节。矿洞内，灯火通明，安保森严，采石工人手持手指粗细、重约五千克的长撬棍，顺着石矿线脉的缝隙凿撬原石。

目前，巴林石矿的开采主要是按市场的需求进行控制性、季节性开采。采矿运用立井、斜井、露天等多种方法，实行采探并举。近年来随着石矿资源日益紧俏、石价节节攀升，矿区开始限产和惜采，近些年，巴林石集团每年出产原矿石在七十吨至一百吨，而其中具有利用收藏价值的巴林石只有十吨左右。

巴林石从巴林石矿洞开采出来之后，经过进一步筛选就是巴林石原石。每年7月，巴林石矿区会进行原石拍卖，来自全国各地的淘宝者蜂拥而至，争相抢购。随着巴林石原石开采量逐年降低，购买者之间的竞争也日益激烈。

矿区售卖原石采取的是竞拍模式，每天竞标三次，每一标原石重量总计在一百五十千克左右；竞标者在竞买之前要事先登记，必须先交纳二十万元的押金，在竞拍过程中，若是中标，但因为所拍原石不理想，放弃不要，押金是不予退还的。

竞标者可以提前到现场观看、查验要竞买的原石料，随后领取竞拍单，竞拍单上会标明每一标原石的出库号、重量和底价。竞标采取暗拍形式，竞标者根据自己的评估和分析，依据每一标石质的情况，在拍单上自行填写竞拍价格，各自的报价是完全保密的。随后所有拍单回收统计后，立刻公开透明地唱票，开始公布针对每一标石头每一户竞标者的报价，价高者得，千古自然的道理。

胆大心细的资深老石商江凤军，已在巴林石交易行内摸爬滚打了几十年，历年来拍石、买石、卖石，鲜见失手，"竞购巴林石原石，必须胆子大，别人不敢买的我敢买，别人报价十万，我敢出十五万，他们报价一百万，我敢出两百万。不过胆子大，靠的是看石选石的经验、眼力和运气，原石成堆买回来，成块卖出去，一般利润都会翻倍。"

从1989年第一次买石开始，到如今二十多年的时间，江凤军早就练就了一双火眼金睛。要考验真正的行家眼力，就一定要到位于内蒙古赤峰市的巴林石交易市场上去冒一番"险"。

巴林赌石，一刀见血

巴林右旗是巴林石原产地，是原石起始集散流通的地方，也是巴林成品石最主要的交易市场，这里有巴林石专营店及露天巴林石摊位几百余家。从这里可以淘到巴林石从低到高任何品级的石头，各地的石商、收藏家、爱好者以及游客们慕名而来，络绎不绝，有人为捡漏碰运气，有人为观赏长见识。

这里几乎每家商户都有或多或少的巴林石精品，作为石商大户，江凤军的店也开在这里，属于精品店。江大哥的店，如同小小的巴林石博物馆，陈列着不少出色的巴林石精品，买不买是一回事，能够看到究竟何为极品巴林石，开阔眼界，增长见识，也不虚此行。

巴林石赌石，一般都是赌鸡血石原石。近几年，巴林鸡血石价格飞涨，一块品相好的鸡血石原石，一般要卖到几十万甚至上百万。

在原石市场，首先凭经验和眼力选好要下手的原石，随后和卖家几番讨价还价，买定到手。接下来，就要拿着自己"赌"定的这块原石来到开料车间，让经验老到的开料师傅帮助"切石"。

切石，也要讲究技巧。判断一块巴林鸡血石价值的高低，最重要的就是"血量"的多少，所以切割之前，要正确判断血线的走向、位置，然后再根据石头的形状和大小以及切割开的石料是否适宜雕刻成章再划线开切，一般印章的规格是3厘米宽、12厘米高的柱体，所以切石要保证切开的石料能够用于刻印，不浪费。

赌石圈里有"一刀穷一刀富"的说法，一块鸡血石能不能赌赢，除了靠运气，更重要的是要靠经验和眼力。文玩行有个不成文的说法，就是鉴玩某种东西，最起码要过眼此物十万件以上，才可能积累足够的经验，练就精准的"眼力"。在巴林石赌石过程中，"眼力"是何其重要，能不能"捡漏"和抓住机会可能就全凭眼力了。清晨，江凤军在巴林石原石市场上以一万余元的价格淘到一块外表看起来非常不起眼的原石，午后在开料厂一刀切下去，原石内不但切出血，

且含血量达到了80%，这块巴林鸡血石原石的身价立刻就翻了几十倍，若雕刻成章后，市值可达50万元左右，实在是令人惊叹！

绚丽多彩的巴林石，是经历亿万年地质变化的产物，是巴林草原献给人类的宝贵财富。在一次次的赌石过程中，巴林石在创造着财富奇迹。在"四大印石"中巴林石最为年轻，虽然矿藏丰富，规模开采最晚，但近年来由于惜采和控制产量，其优质品种产出稀少、大材难求，往往九成普品，一成精品，市场上品相俱佳的上乘巴林石始终是炙手可热，升值潜力巨大。

巴林石把天工造物之奇与人工雕饰之妙紧密地结合在一起，是自然生成与人们的审美创造相结合的艺术。今天，巴林石已被评为候选国石之一，市场流通量异常大，名品辈出，堪与传统印石名石比肩。未来，巴林石必将在中国印石历史中描摹出浓墨重彩的一笔。

石皇鸡血，草原瑰宝

鸡血石，是中国特有的珍贵宝玉石，素有"石皇"之称，其鲜红艳丽、晶莹剔透、天生丽质，与珠宝翠钻一样历来受人珍视。

鸡血石因辰砂渗入分布在地开石或高岭石为主的彩石中而形成，因其颜色比朱砂还要鲜红，仿佛新鲜的鸡血一般，故而得名。

锦底牡丹，映月红云

鸡血石自古以来便被作为避邪纳福、祈求平安的吉祥之品，有"吉祥石"之称。因其生成需要久远的年代，吸收了天地灵气、日月精华，所以蕴含了丰富的矿物质。据《黄帝内经》记载，鸡血石有养颜排毒之功效。

我国最早发现的鸡血石是浙江昌化玉岩山鸡血石，后来，随着巴林石矿的开采，巴林鸡血石随之面世。20世纪90年代，我国陕西、甘肃、四川、湖南、云南、广西桂林等地相继有鸡血石出产。但目前世所公认的，只有产于浙江昌化县和内蒙古巴林两地的鸡血石最为知名，可以称之为石中珍品。

巴林鸡血石，是巴林石中的极品，有"草原瑰宝"之美誉。

巴林鸡血石晶莹绚丽、异彩纷呈，满眼飞虹流霞，历来有"世界鸡血石在中国，中国鸡血石在巴林"的说法。其石质地细润坚实，透明度高，有玉肌感，石上斑

斑血迹聚散有致，红光照人，其"血"在阳光下细看如有流动之感，似流云如流水，有生命的气息，丰韵生动，若"锦底开牡丹，映月铺红云"。

温润细腻，软硬适中，巴林鸡血石莫氏硬度为2.5—3.5，软料，一般的金属刻刀均划得动，最适宜篆刻印章或雕刻精细工艺品，为上乘石料，历来为国内外篆刻家、雕刻家、爱好收藏者所推崇。经专家评定，其成分、色泽堪比我国传统雕刻原料寿山石、青田石等，品质更在韩国、日本、印度尼西亚出产的叶腊石之上，可与宝石、玛瑙相媲美。

从清代起，鸡血石便成了皇家、贵胄的贵重藏品，并限于朝廷四品以上的官员才准予拥有。巴林鸡血石的血色鲜艳，质地冻透，相映成趣，可谓中国独有的稀世之宝，有"一寸鸡血一寸金，危难之时舍黄金"之说。

南血北地，举世相彰

巴林鸡血石具有鸡血般的鲜红色彩和美玉般的光泽，素有"地血双秀"的美称。因为有昌化鸡血石"珠玉在前"，石玩行内常将二者作对比，从中可以学习到许多有关鸡血石的知识。

首先从地域上看，两种鸡血石一南一北，各领风骚。

昌化鸡血石产于浙江省昌化县以西约四十公里处名为上溪的深山之中，巴林鸡血石产于内蒙古赤峰市巴林右旗大兴安岭南麓，二者均为印章石材中极为珍贵的品种，血色鲜艳，质地温润，硬度适中，用它们制作的印章、刻件，清雅有致，超凡脱俗，为文人雅士之宝。

其次，从质地颜色看，昌化鸡血石与巴林鸡血石同样都是汞元素存留渗染于叶腊石中的变质石，二者成分极为接近，所以在几种印章石材中与巴林石最难区分的就是昌化石。昌化石较巴林石要硬，着刀雕刻剥落的石屑一般呈渣状，没有粉状现象，抛光后色泽为硬光，如镜面反光，巴林石则不具备这一点；巴林鸡血石地子含冻量较多，质较净，几乎没有石英粒子，给人感觉比昌化鸡血石温润，光泽灵动。

昌化鸡血石的红，正而不邪、红而不妖，如瀑布飞泻，汩汩涌动；巴林鸡血石血色鲜红娇艳，灿若琉璃，纹理排布自然流动，如无垠霞彩，炽热而张扬。

在国内玉石界，一直以来就有"南血北地"的说法，其通俗释义为：南方的昌化鸡血石血色浓艳，北方的巴林鸡血石地子俊透。昌化鸡血石开采年代久远，文化底蕴深厚；巴林鸡血石质地冻透，非常值得品味把玩。一南一北两种鸡血石，都是中国独有的石中奇葩，各有千秋，各具特性，在业界均有着广泛而相对平衡的价值认同。昌化鸡血石目前已知存量非常稀少，巴林鸡血石的面世起到了承前启后的作用，对于藏家和石头爱好者们来说，无疑是令人欢欣鼓舞的好消息。

巴林鸡血，行市宠儿

目前，巴林鸡血石升位劲猛，每年增值幅度飙升，实用价值和收藏价值都很高。

一块优质的鸡血石，需石质纯净，血色鲜艳夺目，地子与血能够彼此呼应。从收藏、赏玩、增值的角度出发，品鉴巴林鸡血石一般看三点：一是血色，鸡血以鲜、凝、厚为佳，颜色越鲜红越艳丽则越受追捧；二是血量，鸡血石讲究血量不仅要多，而且要分布集中，一般一块石头含70%的血量即被认为是上品，70%—80%被誉为"大红袍"，80%以上为极品鸡血石；三是血形，巴林鸡血按形态可分为片红、条红、斑红、点点、团红等数种，血形评价以"血"在石"地"中的分布特征为据，若如云似雾，构成抽象的图形，则价值倍增。

巴林鸡血石的品种有按血色浓度划分的，例如大红袍、龙血红等；也有根据地子质地划分的，例如黄冻鸡血石，就是以巴林黄冻石为地子的鸡血石；还有根据地子的颜色划分的，如单色巴林鸡血石和多色巴林鸡血石，羊脂地巴林鸡血石、牛角冻巴林鸡血石是单色地子的鸡血石，而刘关张巴林鸡血石、水草花鸡血石则是多色地子的鸡血石。

近几年来，随着巴林鸡血石产量逐年减少，其价值却一再上涨，现顶级质地的价格每克可达到几百元甚至上千元，且还在攀升。巴林鸡血石品种众多，成分复杂，国家目前并没有出台足够规范的鉴定标准，难免真假难辨。因此，喜爱巴林石的朋友一定要擦亮双眼，多学多看，不要冲动购买，追求利润并不是目的，品鉴赏玩其乐才是"乐石人"的追求。

顶级鸡血，石中之王

在内蒙古赤峰市巴林右旗大阪城，一件世界顶级珍宝珍藏于这里的巴林石博物馆，这就是巴林石中的精品——鸡血石王。

"巴林鸡血王"高51厘米，宽34.5厘米，厚24.7厘米，重34千克左右，是巴林鸡血石中的最极品，在巴林石中享有至高无上的地位。其质地为深灰色透明的牛角冻地，血色鲜红且集中成片，晶莹欲滴，点点入石；形体为自然形，保持着原石形态，仅做表面简单的打磨、抛光和施蜡处理；石头外形像座巍然屹立的宝塔，充满王者之尊的霸气。

被冠名为"巴林鸡血王"，是因它创造了多项鸡血石之最：体块最大，体量最重，血色最红最鲜艳，血的形状最奇特，渗透最完美等。鸡血石中的"血"，其实就是辰砂，是汞化合物，颜色一般是正红、深红和紫红色，表现形式有片状血、网络血、点滴状血等。要形成像鸡血石王这样贯通全身的"网状血"，其难度相当大；鸡血石中红色的部分称为"血"，红色以外的部分称为"地子"，鸡血石王的"地子"也十分罕见，深灰色透明的牛角冻地子非常纯正，在这样的地子上，血的颜色特别纯正浓烈，鲜艳欲滴，分外夺目，石上偶尔隐现的白色，使整个鸡血石王的色彩起伏不断，视觉冲击力震撼无比，真可谓亮瞎了人的眼球。

巴林鸡血石王从质地、血色、光泽、斑纹来看，都堪称绝世精品，令人拍案叫绝。该石集上乘巴林石应具有的优质特色于一身，是当之无愧的"鸡血石王"，目前市值估价已超10亿，是巴林石博物馆的镇馆之宝。

鸡血石以其自身的价值和独特的文化语言构成了"鸡血石文化"，享有"印石皇后"的美称，它华贵而不失朴实，艳丽而不失典雅，体现了中华民族的气质与精神，与儒学、道学、佛学等传统文化有深刻的联系。无论江南还是塞北，中国所独有的这种绮丽瑰石，它所展示的东方特色文化，必将在世界文化艺林中独树一帜，成为世所瞩目的焦点。

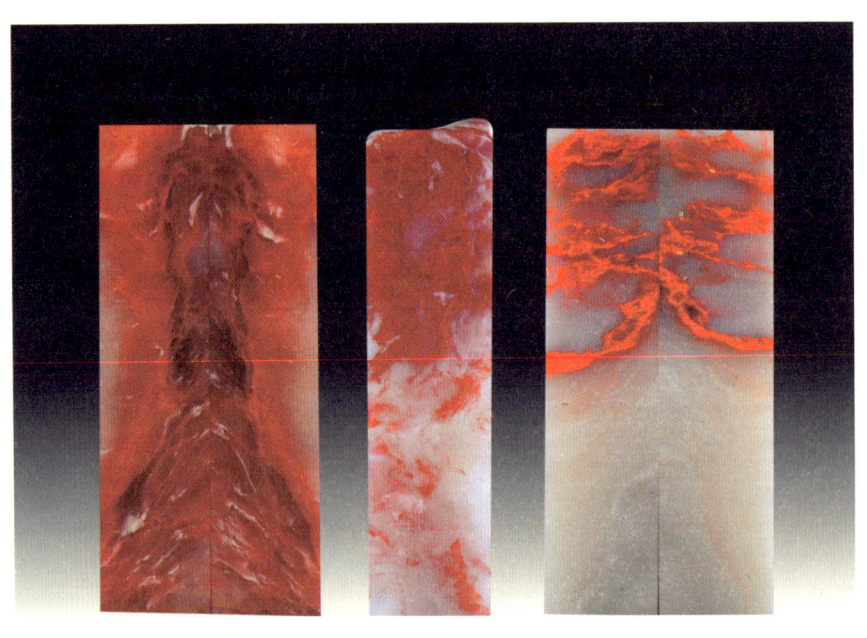

徽派盆景

盆景艺术，是中国特有的传统艺术，至今已有一千多年的历史。它蕴含文学、美学、植物栽培学、植物形态学及园林艺术于一体；以植物和山石为基本材料，以小中见大的独特艺术手法，将广阔大自然的奇妙景致浓缩在盈尺之间的盆中，以这种集中浓缩的形式塑造形象，反映自然景观、社会生活，表现制作者的思想感情。通过一件件富有生命力的盆景艺术品，人们如同欣赏到一幅幅赏心悦目的立体画、一首首韵味无穷的无声的诗。清代文学家张潮说："居城市中，当以画幅当山水，以盆景当苑囿。"

徽派盆景，是中国盆景艺术中非常重要的一支艺术流派，它以古朴、奇特、遒劲、凝重、浑厚为特色，开创了一派独具特色的艺术风格，至今已有八百多年的历史。

源于美丽山水间

中国安徽省的南部,气候湿润,山多地少,古城歙县就坐落于此。歙县是古代徽州的首府,是孕育徽文化的土壤,徽派盆景就起源于这里的卖花渔村。

卖花渔村,本名洪岭村,位于歙县城东南7公里。因村形如鱼,村人先祖姓洪,喻鱼得水则生机盎然,故在鱼字边加三点水,称渔村;又因这里家家户户都以种花、培植花桩、制作盆景为生,故而得名"卖花渔村"。

卖花渔村位于新安江南岸沟谷腹地,这里山峦叠翠,溪水潺潺,温暖湿润的气候、充沛的雨量、肥沃的土壤,不仅非常适宜植物生长,而且山上姿态万千的古松怪柏为盆景创作提供了极好的自然范本。

徽派盆景源远流长,有着辉煌的历史。早在唐末洪氏便迁居于此,逐渐形成村落,卖花渔村的村民便开始在山坡上培育花木,制作盆景。据史载,唐乾符六年(公

元879年），卖花渔村有位名洪必信的人，号梅窗处士，"嗜史书，善吟咏，尝于居右建小楼数楹，植梅于前，作梅花百韵以自悦"，可见当时此地培育花木已很普遍；北宋时，大江南北栽种花木非常盛行，徽派盆景特别是梅花盆景初具雏形；至南宋，徽州地区花木盆景商品交流已经非常发达，花农将盆景由水路新安江运往首都临安销售，此时徽派盆景的造型已很成熟，表现出较高的技艺水平。

明清时期是徽派盆景发展的鼎盛时期，其品种之多、制作技艺之高、爱好者之众在各流派中均名列前茅。荣归故里的徽商不惜重金营建宅第和私家园林，购置花木盆景用于装点居室、庭院，于是徽派盆景得以迅速兴起。特别是新安画派的形成对徽派盆景造型影响很大，其制作日趋丰富和完善，盆景造型愈加传神、富有画意，并逐渐形成一个独立的盆景流派。清朝苏州文人沈复在《浮生六记·浪游记快》中写道："绩溪城处于万山之中，弹丸小邑，民情淳朴……去城三十里，名曰仁里，有花果会，十二年一举，每举各出盆花为赛。"从记述中可看出，当时徽派盆景爱好者会有组织地定期举行展览、比赛，注重盆艺的观摩与交流。

庄重幽静的美感

徽派盆景苍古、自然、遒劲，造型饱满，气魄宏大，给人以庄重幽静的美感。其包括树木盆景、树石盆景、山水盆景、奇石清供在内，形成了比较完整的盆景艺术派别，内容非常丰富。

走进卖花渔村，形态各异的盆景处处可见，罗汉松、梅花、榆树随地撒绿，就像一个巨大的盆景公园。盆景一般分为树桩景和山石景两大类，徽派盆景主要以树桩盆景见长，它取材广泛，品种繁多，制作讲究精细，树木通常在很小的时候就被栽种到山上开始加工，经过几年或几十年才能培育成形。卖花渔村身处山坳之中，土地面积大，土壤肥沃深厚，有足够的场地可供栽种树木，再加上气候温润、降水充沛，梅树、罗汉松等盆景原材料都能在这里茁壮成长。

"于素雅中见秀逸，于奇古中观苍劲"，徽派盆景寓意于形，其与众不同的美感，就在于它的主干在经过不断的整形、加工后，而具有了盘曲、古朴的形态。以驰名海内盆苑，最具代表性的徽派盆景"游龙梅桩"为例，其桩头大，弯道多，以梅塑龙，冉冉而上，往往要经过数十年、上百年的人工培育，使其犹如龙游云海。利用盆景艺术来表现中国人世代尊崇的龙文化，是徽派盆景所具有的育古育奇的独特之处；除此之外，"三台式"寓蓬莱仙境或天、地、人之意，"迎客式"则为恭候嘉宾，其形参照画意，力求自然。

高大、雄伟、粗犷、古朴，徽派盆景充满神秘的装饰美感，无论是游龙式梅桩、扭旋式罗汉松、三台式圆柏等，都可与古典徽派建筑交相辉映，意蕴深长。由卖花渔村培育的梅桩盆景，在全国举办的历届"二梅"展览中，获得了近二分之一的金银铜奖，足见其有别于其他流派的独树一帜的艺术表现方式，是中国盆景中不可多得的艺术珍品。

独具特色的培育方式

从繁殖、栽培到捆扎的技术、捆扎的材料，包括造型等，徽派盆景都有别于其他流派。

在徽派盆景传承人洪定永家的院落里，式样众多的徽派盆景摆放得井井有条、错落有致，并且各具姿态。那么制造这些各具特色的盆景需要怎样的工具、材料呢？洪师傅制造盆景的工具，其实大部分都是铝丝、钳子等常见的家用工具。令人感到疑惑的是，这些工具又是如何改变树木生长轨迹的呢？

徽派盆景造型手法独特。首先，要用铝丝绑扎树木的主躯干以及细分枝，规范其生长方向、形态，达到想要的造型、韵味、曲线之美。从底部到顶部，每一处枝丫都要细致绑扎到位，通常主干每一枝分枝的大枝条都会相应做一个S的造型，其上的小枝条小枝叶要规范连成一个平面形、馒头状。这一整条枝条枝叶就叫"一片"或"一台"，主躯干要做到富有线条美，其上台片要饱满且层次分明。

利用铝丝等工具进行长达数年的造型，让小树按照设定的线路生长，并形成一个个片状的平台，创造出临水式、游龙式、迎客式等多种造型，其特点是树桩大而稳，树干弯曲，造型意境古朴苍劲、庄重幽静，形态盘曲动人、精巧奇美。

徽派盆景多为地栽造型，成形后再选盆配座。卖花渔村在数十公顷的山坡上，培育有各种大小梅桩和树桩，达数十万株之多，可谓海内栽花卖花"第一村"；在繁殖上，采用压条与养桩并举的方法，在国内也颇为罕见。

洪定永的园中有一棵最高最大的盆景树栽，已逾三百年。它是一棵野生树桩，从山中采集而来，在其家中培育也超过了三十年的时间，树枝、枝丫仿如佛祖的莲花手向外舒展开，层叠而上，错落分明，达到七八层的树形。这些百年古树，是徽派盆景培养制作的匠人们精心栽育，留待后世的见证。一盆精妙的徽派盆景，要经过几十年甚至上百年的培养，洪氏家族代代相传，"爷爷种树孙儿卖"，是最好的传承。

徽派文化影响深远

徽派盆景能够在徽州植根、发展，除了自然、地理环境所形成的气候、土壤条件之外，主要来自于徽州文化赋予徽派盆景的一种生命力，以及得益于徽州经济的繁盛、世人对艺术的尊崇。

文化底蕴的丰厚，是徽州盆景创作具有高超艺术品位的基础。

徽州自古重文，入仕之风普盛，明、清时仅中进士者就多达五百余人，秀才、举人不计其数，有名的学者、诗人、画家多达数百人。新安画派、徽派版画、徽派

园林、程朱理学，各类诗文艺术交融互补，独具徽派风骚。

徽人的富足，为盆景艺术的发展提供了雄厚的经济基础。明、清两代徽商遍及全国，人数之多，资本之雄厚，从明朝后期到清朝中叶达到了登峰造极的地步。一些达官显贵、富商巨贾、文人雅士，纷纷在徽州大兴土木，营造私人宅院和园林；各项建筑力求精美华贵，其中的陈设古玩、庭院绿化、盆景摆设与之相应，也需高雅。

士大夫、文人无疑知识底蕴深厚，而徽商，绝大多数也是儒商，不少人著书立说，藏书万卷。因此，这些上层社会的人士对盆景的要求非同一般，他们并不看重一般商品性的盆景，而更注重盆景艺术的雅致、品位。在当时，一些文人、画家会结合徽州文化，按自己的理念制作盆景，以满足和抒发自己的情志。他们突破一些传统规范，不拘一格，为徽派盆景艺术的发展革新做出了贡献。因此可见，徽派盆景的改革创新不是始于现在，是徽州先人在实践中不断地改革创新，传承至今。

"酒阑且驻纱笼看，慢破团团一壁龙"，南宋诗人范成大诗中曾生动描写了"游龙梅桩"的美，不仅写出了"梅桩以曲为美"的造型，而且一个"破"字写得活灵活现，"龙梅"跃然纸上。徽派盆景是徽州人民在这块美丽富饶的土地上师法自然、继承传统、创新发展的产物，它蕴含着徽派文化的风骨，传达出徽州人独特的审美情趣，不但丰富了徽文化的内容，同时也为中国的盆景艺术增添了古朴神奇的色彩，在中国盆景艺术发展史上具有重要的地位。

新时代的徽派盆景传承者们，广纳多样风格，大胆创新，立意高远飘逸，创作出一批又一批清新典雅、令人耳目一新的作品。徽派盆景的未来，将拥有更广阔的市场，发展更加蓬勃。

康保肉石

石头,易找易得,这种在地质作用下形成的矿物聚合体,经过亿万年的沉淀,带着一种浑然天成的灵气,吸引着人们的目光。从山川溪流的原石,到打火生产的工具,从亭台楼阁的建材到文人墨客的挚爱,看似普通的石头,以其坚硬顽强的特性,影响着中国人的生产、生活和精神品格。

中国赏石文化源远流长,内涵丰富。古今名人雅士多爱石,赏石文化涉及天文地理、社会历史、地质矿产、绘画雕塑、诗词歌赋以及园林景观等多种领域,被历代赏石家、收藏家所钟爱,被文人墨客所崇拜。

"石奇含天地,趣雅意隽永。"

普通的石头易于寻找,观赏奇石却难以寻觅。奇石自然成趣,每一件都是绝无仅有的,在特定的环境下自然形成。为了追求美、欣赏美、收藏美,人们从未停止找寻它们的步伐。

河北省张家口市康保县,地处内蒙古与该县接壤的草原戈壁滩,这里出产的一种神奇的石头备受世人瞩目,这就是康保肉石。

戈壁滩上的天然奇石

肉石，是一种外观像肉的石头，多属沉积岩或变质岩，是石头在地质运动过程中与其他矿物质接触，色化而成的天然观赏石种。

康保县，位于河北省西北部，这里地势较高，丘陵起伏、连绵不绝。这里是我国主要的肉石产地之一，近二十亿年的地质沧桑巨变和风沙磨砺，造就了极富观赏和收藏价值的康保肉石。据专家称，目前肉形石在全国只有广西、内蒙古及河北康保县有大量分布，而康保县的肉形石无论从数量还是品质上讲，都居首位。

康保肉石之所以在奇石界崭露头角、颇负盛名，是因为这里出产的天然肉石自然带皮，肥瘦相间，层次分明；肉皮呈焦黄色，光滑平整，薄厚均匀，层次分明而富有胶质感，宛若天然生成一般；皮下的脂肪层洁白细腻，如白玉凝脂，不掺杂色，油质感强烈；瘦肉部分质地鲜嫩，色泽红润有度，棱角分明，质感逼真。更奇的是，在皮质层上还具有毛囊孔，呈三角形凹陷坑点分布于表皮，且在不同部位疏密有度、过渡自然；同时肉石表面具有带状突起条纹，这种结构是高温冷却后的收缩状态，是矿物自身形成的，一些精品肉石肉皮上的毛孔粒纹清晰平滑，呈地道的品字形或三角形状，排列有序，与猪肉真皮毛孔的特征完全吻合，无不酷似真正的肉。

阴山支脉横贯康保县全县境域，康保肉石就出自河北与内蒙古交界地带的草原戈壁滩，是天然的戈壁石，全县境内除肉形石外，还有玛瑙石、风凌石、集骨石、菊花石、泥石、戈壁玉、玉髓等十几种观赏奇石，品类繁多。

肉石形成有学问

如此神奇造化的天然奇石到底是如何形成的呢？

对于康保一带盛产肉形石的原因，当地广为流传着这样一种说法：肉石是火山喷发的岩浆所形成的。因为当地很多村民都曾在这一带发现过疑似"火山弹"的石头。那么事实是否就如同传闻一般呢？2013年，河北地矿局第三地质大队的专家来到康保县蒙古营村附近考察，当他们仔细勘察了当地人认为是"火山弹"的石头，以及疑似"火山坑遗迹"的地形后，并没有发现火山爆发后通常会留下的火山灰、流纹岩等证据，因此，当地流传的肉石形成的原因并没有科学依据。

康保肉石是一种玛瑙石、一种隐晶质结构石英石矿物，其主要化学成分为二氧化硅，莫氏硬度在7左右。在康保县盛产肉石的区域，只见数量繁多、分散面广的肉石大都裸露于地表，并非原生石，所以地质专家断定，这些散布于戈壁滩四处的肉石极有可能是在外力作用下被搬运至此的。原来，在距今几百万年到几十万年的时期，这片地域发生了新构造运动，随着地壳的隆起，石英脉从地下深处被抬升到了地表，裸露出地表的石英脉虽然比较坚硬，但是仍会受到构造运动和风化作用的影响，脉体破碎成了无数的碎块，然后这些碎石块又被降雨、洪水等外力一点点冲刷到了山下，形成了漫山遍野的肉石。

石英石质地坚硬，大多为白色，若这些散布于山下的肉石是由石英脉破碎后形成，其色应该是白色，怎么会形成深浅不一的红褐色呢？并且，在敲开肉石的内部后能够惊讶地发现，石头内部确实是白色的，那么，肉石丰富的色彩和纹理又是如何形成的呢？

这就不得不提到康保这片土地的地表土壤，这里的地表土含有丰富的三价铁离子，破碎的石英石在长期的浸润下，经过复杂的地质作用，表面被土壤中的铁离子染成了红褐色，而石头内部仍然保持着乳白色，至此，肉石的形成之谜才得以完全解开。

堪与国宝相媲美

说到肉形石，就不得不提中国四大奇石之一的"东坡肉形石"，作为最具知名度的一块奇石，想必很多人对它都有所耳闻。

东坡肉形石高 6.6 厘米，长 7.9 厘米，产自内蒙古阿拉善左旗，清康熙年间被阿拉善郡王进贡给康熙内府。此石完全是大自然鬼斧神工的产物，肉皮、肥肉、瘦肉层次分明，毛孔和肌理都清晰逼真，看上去完全是一块令人垂涎三尺、栩栩如生的东坡肉块。其以天然合理的质、形、色、皮令人叹为观止，几可以假乱真，历来被收藏者奉为奇中之奇。它与毛公鼎、慈禧太后挚爱的"翠玉白菜"，一直作为中国台北故宫博物院的三大镇馆之宝，是台北故宫人气最旺的文物之一，不论台北故宫多少藏品轮换展出，这块肉形石却是雷打不动永远放在展柜里，观者如潮，经久不衰。

感慨此物神奇的同时，从科学的角度来讲，东坡肉石属于玛瑙玉髓类，玛瑙其实就是一种石英岩质玉，其主要化学成分是二氧化硅，这与康保当地出产的肉形石成分完全一致。

而在康保县当地的肉石收藏圈内，有位知名的收藏行家，名叫张军，他收藏的肉石别具特色，其中有一块堪与这块国宝——东坡肉石相媲美。张军的这块藏品，从角度、形状、肉质层次和色泽上，均与东坡肉形石有百分之七八十的相似，就连"肉块"其中下垂的一角都几乎一样，令人忍不住拍手称奇。这种"无巧不成书"，

不禁要引起人们的遐想：当年，著名的国宝是否也出自康保县呢？

当地还真流传有这样一个传说。

清康熙年间，康保县还属于内蒙古草原，这里是辽阔的草原牧场。据说，当时的一位地方官员在这一带偶然发现了这块"东坡肉石"，把它献给了当地的一位王爷，后来这位王爷又把它作为贡品进贡给了康熙皇帝。传说只是演绎，没有足够的证据证明闻名于世的"东坡肉石"就出自康保地区，但从张军收藏的数量众多的肉石，以及这块与国宝"东坡肉石"几乎相差无几的石头来看，国宝与康保，在历史的烟尘中，或许有不为人知的渊源与牵绊。

市场有分类，有皮最珍贵

肉石珍贵，贵在有"皮"。

一块上好的肉石，不但要形似，更重要的是要有皮。康保肉形石的奇特之处就在于"肉皮"。略带皱褶，似有细密毛孔又显油润的肉皮在全国肉石界都属罕见，极具收藏价值。由于康保肉石均出自草原戈壁滩，是天然的戈壁石，也是亿万年地质作用、戈壁滩千年风霜雨雪造就的，条件极其严苛，所以储量有限，极其稀有。

除了这种天然形成的肉形玛瑙石，目前肉石界还出现了一种较普遍的观赏肉石——碳酸钙肉石。

碳酸钙肉石和玛瑙肉石是奇石界常见的两种肉石，但价格差异巨大。玛瑙肉石的主要成分和成因我们已经知道，是因石英石某些部位渗入了铁元素而呈现出红色，类似于瘦肉；碳酸钙肉石从相似度上来讲并不逊色，但由于大都是从一条巨大矿脉上切割出来的，带有一定的人为加工痕迹，价值不高，再加上其产量巨大，容易买到，所以其市场价格远低于玛瑙肉石。

区分碳酸钙肉石和玛瑙肉石的方式有三种，其一是利用硬度上的差异，用刀划，玛瑙石硬度较大，因而不会留下痕迹，碳酸钙

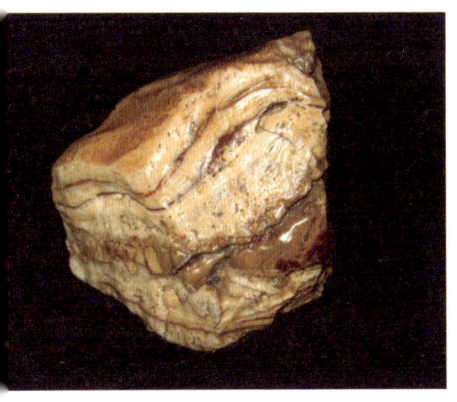

肉石则会出现清晰的划痕；其二是利用强光手电，对比两者的光泽度，玛瑙石通透润泽，碳酸钙石则会出现细小的裂纹；第三种是利用盐酸鉴定，碳酸钙与盐酸接触可以发生化学反应，生成二氧化碳，岩石表面会出现气泡；而玛瑙的主要成分是二氧化硅，与盐酸接触并不会产生明显的反应。

这些方法能简单地区分玛瑙肉石和碳酸钙肉石，而影响肉石市场价格的因素还有很多。首先，要确定肉石是纯天然，无任何人工切割、打磨、抛光的痕迹；其次，就是要购买收藏有皮的肉石，仔细观察其表面的纹理、层次、毛孔，越逼真越有价值。上等的肉石往往肥瘦相间，且分布比例也符合真肉的特点。

几年前，在康保县城举办的一次肉石交易活动现场，许多当地的肉石收藏爱好者都带来了自己收藏的石头精品，在一起切磋交流，观察石头的品相，见到喜欢的石头还会当场进行交易。参展的有四百余块肉石，大部分都是康保县现藏肉石中的精品。从这些精美的天然肉石中，张军帮助一位朋友挑选购买了一块外表看上去似乎并不显眼的小块肉石，但张军说，别看这块肉石个头不大，但高度厚度非常合理，酷似真肉，且层次感良好，而且贵在其上有皮，质感、毛孔逼真。最后，这块不大的小肉石以五万五千元的价格成交，由此也可一窥现在肉石观赏石市场的走向。

藏石，享受乐趣；观石，怡情养性。

康保肉石，这种经过风吹日晒、岁月侵蚀最终形成的传神之石，带给了人们美的享受，丰富了人们的生活。康保人与石为友，以之为傲，赏石已成为康保一项文化产业。康保肉石现被收入张家口市第二批非物质文化遗产保护名录，未来，这种奇石必将被更多国内外奇石爱好者所青睐，成为投资收藏的新热点。

腾冲翡翠赌石

人类自直立行走以来，除了水和食物，最久的朋友，便是石头。作为最早的工具，石头掀开了人类进化的伟大篇章。

从传说的炼石补天，到先祖的击石取火；从平凡脚下的铺路石，到辉煌事业的里程碑……一块普通的石头，切开粗糙的外表，可能分文不值，也可能呈现出瑰丽炫目的色泽，这就需要把它们进行重重加工，打造成价值不菲的工艺品。

赌石文化，是中华民族所独有的一种传统文化，从古至今都蒙着一层神秘的面纱。一直以来，这种古老而独特的交易方式和文化传统，不断丰富着中国沉淀了几千年的玉石文化内涵，历史上人们最早赌石，是指"和田玉"，如今，广泛意义上，人们所讲的赌石大多指翡翠赌石。

翡翠赌石，是指对没有切割过的翡翠原石，根据其皮壳特征、纹理等表象来判断内部翡翠质量的优劣进行估价买卖的行为。它的最大魅力在于，你无法仅通过玉石外皮就对其内在的优劣稳操胜券，永远不知道下一块石料到底能否开出珍奇；运气好的人可以凭借一块好的翡翠原石一夜暴富，运气不好的也会因为一块石头一夜倾家荡产。

尽管赌石风险巨大，但仍有不少人乐此不疲，志在体验赌石的刺激。这种古老而又神秘的原石交易方式到底具有怎样的魅力和传奇色彩？不妨一起来一探究竟。

翡翠赌石第一站

翡翠，这种中国人从古至今青睐有加的东方瑰宝并非原产自华夏。如今珠宝市场上商业品级的翡翠玉石95%以上来自我们的邻国——缅甸。翡翠主要产于缅甸雾露河流域第四纪和第三纪砾岩层次生翡翠矿床中，分布在缅甸北部山地，因而翡翠又被称为"缅甸玉"。

据清代檀萃所著的《滇海虞衡志》记载："玉出南金沙江，江昔为腾越所属，距州两千余里，中多玉。夷人采之，撇出江岸各成堆，粗矿外获，大小如鹅卵石状，不知其中有玉、并玉之美恶与否，估客随意买之，运至大理及滇省，皆有作玉坊，解之见翡翠，平地暴富矣！"

中缅边境的翡翠原石交易，于清代开始逐渐流行起来。当时珠宝行业有句行话叫"赌行"，所谓"赌行"就是赌璞玉，翡翠赌石源于此；而文中提到的"腾越"，便是现在的腾冲市。

腾冲，位于云南省保山市，与缅甸密支那地区山水相连，自古以来就是我国重要的陆路通商口岸，是最为便捷的"翡翠通道"。所以赌石的第一站，就是位于中缅边境，国内最活跃的翡翠集散地之一——腾冲市。

腾冲玉雕产业兴起较早，清末，仅腾冲城内就有翡翠作坊数百家，玉雕工匠数千人。民国时，腾冲翡翠业一度萧条。直到改革开放后，随着国门重开及腾密公路的修复通车，腾冲的翡翠产业才重新焕发生机。目前，这里是全国重要的翡翠终端销售市场之一，腾越翡翠城和荷花玉雕加工基地是腾冲城内最大的翡翠交易中心和加工基地，从业人员达到2万多人。

在腾冲旅游业当中，翡翠购物成为旅游的重要项目。离腾冲不远的和顺古镇，有一条知名的赌石街，这里有很多店铺在做原石交易的生意，游客络绎不绝。

在赌石行，有"一刀穷，两刀富，三刀披麻布"的说法，这其实讲的是赌石给人带来的惊心动魄的奇妙感觉。来到腾冲游玩的人，多少都想要参与一下这一奇妙的过程。在其中一家经营成品玉雕件和原石的店铺，我们看到一位完全不懂翡翠的游客以200元的价格购买了一块店家推荐的原石料,在众首企盼的目光中,店家将原石拿到电动切石的机器上进行开料,开料的切石机也被腾冲当地人形象地称为发财机,寓意为每个赌石之人都能有所收获。紧张的几分钟之后,机器的轰鸣声戛然而止,翡翠原石被切开,大家都很紧张结果。经过行家一番验查,这块原价200元的原石,里面的种水还是不错的,比预期要好不少,用于刻料、制成挂件等都可以卖个好价钱,身价立刻攀升至2000元左右,翻了十番。

行家带你来赌石

其实,上文这种纯外行的赌石,多半是观光性赌石街上的原石店为吸引游客游玩做的娱兴节目。这些店里的原石大部分是行家挑拣剩下的,仅供游客娱乐,游客很难碰到好的原石,像之前那位游客的好运气,实乃万中无一。

体验真正的赌石,必须要到更专业的原石交易市场去,运用丰富的经验、专业的工具、清晰的判断、过人的胆识,进行一场一念之间运气的较量。

赌石行中有一句话，叫"不识场口，不玩赌石"。场口，就是原石的产地，有经验的人通过原石的表皮就能判断出原石的场口；若要细分，缅甸翡翠产地共分六个场区，每个场区又分许多场口。各个场口所产翡翠，其外观、质量、颜色都有各自的特征，有所差别。

杨树明，是腾冲当地有名的珠宝玉雕大师，在翡翠玉石行内已经浸淫了十几年，这样的专家来赌石，是不是就能一朝得中、点石成金呢？

在腾冲一处售卖原石和加工玉料的老市场，杨大师在一家店内细致摩挲几块原石，其中有几块从表象看地子不错，产自他所熟悉的摩西沙场口，一番精心挑选下，他选中三块原石，在与店家一番讨价还价之后以十万元的价格买下。

开料时，即使是杨大师这样在行内摸爬滚打十几年的人，也同样还是会紧张期待，第一块石头开出后，种水不理想，裂隙多，基本属于赌输了；好在第二块切开后水头不错，升值了不少；最后一块品相平平，不好不坏。一番期待，失落，再期待，回归平静后，一次赌石交易悄然完成，总体下来稳中有赚，算是有收获。

"赌石有风险，入手需谨慎。"

可以看出，即使是杨树明这样的行内人来赌石，靠的也是一半的眼力、一半的运气。杨大师说，如今，他对于赌石的态度是非常谨慎的，因为为了学习鉴别翡翠原石中种水和颜色的好坏，这十几年来，他交过不少的学费，赔过不少钱。至今，他对赌性大的石头很少去购买，很理性地看待这一原石交易方式。所以，赌石是与经验、智慧、胆识的较量，就算是行内高手，也无法保证稳赢不赔，更不用说初入行的赌石者和带着体验心态的游客了。因此，赌石不是为了一夜暴富，而是为了让心灵浸润到文化之中，使人保持良好的心态，价格从低做起，多看少买，多观察、缓下手，来体验赌石的乐趣。

赌石行内有技巧

目前在世界上，还没有任何一种先进的仪器能够看透翡翠毛料里面到底是普通

石头还是高货珍品。那么赌石到底该从何入手，有何依凭呢？

虽说"神仙难断寸玉"，翡翠原石在没有被切割前，谁也无法知道它内部的构造，不过，赌石并非完全混沌、毫无标准，专业的赌石还是有方法、有技巧、有讲究的。

首先，熟知翡翠特性，能辨原石真假。

别以为只有翡翠成品会有假货，其实翡翠原石作假的历史也很久远，尤其针对翡翠籽料作假最为常见。因此，想赌石，首先要有专业的翡翠原石知识，了解其形成过程、形成原理。看懂原石、能区分翡翠原石的真假，是入行的最基本常识。

其次，认识缅甸各大场口及各场口出产原石的特征、特性、特点。

认识场口是赌石之基础。不同场口的玉料特征各不相同，其品质也大相径庭。有些场口专以出产优质原石而为人熟知，熟悉场口，才能有的放矢。

再次，熟知行内评判标准，赌石亦是赌人。

翡翠，一物一品一价格，貌似没有评判标准，但其优劣的评判绝对是有行业共识的。评判一块原石是宝玉还是败絮，可以从种、水、底、杂质、裂、色、通透度、胶质感及工艺抛光度等方面来判断，根据当前市场的价格浮动来定位自己所求所选。

同时，赌石不光赌石头，还要赌人赌商家。原石大多价格不菲，故而赌石行内常会出现合伙赌石的现象，几位合伙人按出资比例来均摊利润、风险，像是一派精诚合作。不过，这么做的前提是合伙人必须是可信赖之人，切忌受陌生人引诱与之搭伙，因为此人很可能是商家的"托"，故意引你入局。

除以上注意事项外，赌石时我们需借助专业工具——强光手电筒，它可以很好地帮助我们识别翡翠原石的水头，依据光线照入翡翠的深度进行判断，深度越深，则表明原石水头越好。

翡翠原石千变万化，而每一件石头又具有唯一性，购买者应从宏观到微观仔细观察原石，保持平和心态，多学慢练，多看少买，不急于求成。

买卖风险巨大，交易过程刺激，故称之为"赌"。赌石，处于整个翡翠行业的上游，利润与风险并存。如今的赌石队伍中，有大名鼎鼎的学者，有腰缠万贯的商人，有痴迷赌货的粉丝……翡翠赌石，在现今的市场环境下俨然已成为"疯狂的石头"，但一刀暴富的故事不过是传闻，赌输赔本的案例却比比皆是。我们解析赌石，是触摸、探寻和学习一种文化。这些经过亿万年地质演变呈现在我们面前的石头，是人类的品鉴赋予了它们文化内涵，玉石有价，人品无价，赌的是文化，而非输赢。

寻端砚

砚，兼具了材质美、雕刻美、设计美以及强大的文化内涵，在漫长的历史变迁中凝就了独特的中华文化意象。《西清砚谱》有云："古今佳砚，因质美工良，而鉴赏品题，因人增贵。"砚，在制作过程中不断融入不同时代的艺术特征，形制、主题、构图、纹饰及雕刻风格都突显和见证着每个时代的沧桑和风骨。

在中国所产"端、洮、歙、澄"四大名砚中，以端砚最为称著，其乃四大名砚之首。

端砚主要以紫色为基调，石质优良致密、细腻温润，以其独特而丰富多彩的石品花纹和历代制砚艺人巧夺天工的雕刻艺术而驰名于世。清古砚学家陈介亭曾赞誉端砚有八德：历寒不冰，贮水不耗，研墨无泡，发墨无声，停墨浮艳，护毫加秀，起墨不滞，经久不泛。

端砚集金石刻艺、文史、书法、绘画艺术于一体，赏用相悦，为历代骚人墨客所钟爱，深受收藏者推崇。

只缘身在古端州

广东肇庆，是一座建在山水之间的城市，文化底蕴深厚，岭南气息浓郁，是驰名中外的风水宝地。这里出产一种特殊的宝物——砚台，因肇庆古称端州，所以这里出产的砚台也被称为"端砚"。

肇庆西江水域旁有座"烂柯山"，别看名字里有一个"烂"字，却十足是座宝山。烂柯山，因传说有神仙曾在此对弈而得名，中国有不少地方的山都命名为烂柯山，但称得上宝山的只此一座，因为从唐代起，这里的山中就出产一种宝贝——端砚石，端砚石是制作雕刻端砚的原石，而烂柯山也成为最负盛名的端砚石矿出产地之一。

端砚石也称端溪石。据史料记载，唐初期，端州东郊羚羊峡烂柯山的端溪一带，就出现了依靠采砚石、生产端砚为生的劳动者。清计楠《石隐砚谈》记载："东坡云，端溪石，始于唐武德之世。"武德，为唐高祖年号，据此，端砚问世至今，已有约1400年的历史。

端砚一直是历代皇室珍爱的贡品，更是文人墨客竞相追捧的珍藏。唐代已经出现许多歌咏、赞美和论述端砚的诗文，如唐李肇的《国史补》中记述："内丘白瓷瓯，端溪紫石砚，天下无贵贱通用之。"足可见，在唐代端砚已非常流行；唐代诗人李贺《杨生青花紫石砚歌》诗云："端州石工巧如神，踏天磨刀割紫云。佣刓抱水含满唇，暗洒苌弘冷血痕。纱帷昼暖墨花春，轻沤漂沫松麝薰。干腻薄重立脚匀，数寸光秋无日昏。圆毫促点声静新，孔砚宽顽何足云。"诗人将端砚比作紫云，又呼之为紫石，可见文人对端砚青睐有加。除了诗文演绎，在实物考证方面，1952年湖南长沙出土的唐端溪箕形砚和1965年广州唐墓中出土的唐代端溪砚，也正好印证了端砚问世的时间。

有关端砚，曾有一个有趣的传说：唐贞观年间，广东有一位举子上京应试，当时长安城正值隆冬，大雪纷飞，天寒地冻。考试当日，许多考生墨砚里的墨汁都结了冰，弄得他们无计可施，只好拼命向砚台呵气，写写停停。一干狼狈之人中，唯有这位广东举子挥毫自如地答卷，他砚台里的墨汁不仅没有冻结，反而油润生辉、墨香扑鼻。监考官员很是惊异，一番询问下得知此乃端州出产的砚台，遂将此事奏报朝廷。天子知悉后亲拿端砚试笔，果然墨迹丰满，行文流畅，妙不可言。天子龙颜大悦，下旨列端砚为贡品。从此，端砚名扬天下，与湖笔、宣纸、徽墨齐名。

千金一砍未为奢

在古代，端砚是皇家御用的供砚，历代文人都以拥有一块端砚为荣。现在，端砚受到许多收藏爱好者的喜爱，其价格也随着藏家们的热捧而越来越高，一方质地上乘的大师作品，可以卖到上百万，一些罕有的巨型端砚，标价可达上亿元。

一块普通的山中顽石，如何变成一方价值不菲的宝砚？那先要从进山开采端砚原石开始。

行船渡过肇庆西江，来到烂柯山中寻宝，烂柯山中的端砚石是一种特殊而名贵的矿石，全世界只有这里出产，是不可再生的自然资源。经验丰富的老采石工，进山之前不但要携带好开凿、装运工具,还要带上香、红纸、墨汁、毛笔,这是为何?

在雕刻成砚之前,端砚石只是一种矿石。既然是矿石,就需要开凿方能利用。采石,在历代制作端砚的各个工种中,都是最艰苦、最困难、最危险的。端砚石坑大多不受震,无法机械化操作,自古以来都是以人力手工开采。端砚石的采掘,是依石脉生长走向进行,初时在山的表面进行,随着脉石的走向逐渐深入山中而形成坑洞,有的达数百米深,因地势起伏变化,石脉层并不处于同一水平面上,洞口与洞底的高差有时达几十米之多。在古代的技术条件下,采石工人的艰辛是难以估量的。砚石坑洞高度仅为80厘米至100厘米,先辈的石工们只能蹲着、坐着或斜躺着采石;坑道狭窄,有时需要一蹲五六个小时,连调转一下方向都十分困难,这样长时间地艰苦工作,使石工们身体遭受了极大的疼痛,往往工作结束时他们腿脚麻木,精疲力竭。

陆上采石难,水底采石更难。有些出产优质砚石的坑洞,深藏于西江水面下130米至150米处,矿脉由西北向东南方向倾斜,洞内长年积水。要想采石,必须先排水,水排净,方可作业。古人排水,手举油灯,匍匐而进,陶罐装水,数十人排坐,传递而出,水净后,清理洞内淤泥、碎石。这种条件下,衣服湿漉漉裹在身上,还不如一脱了之,所以当时的石工们全都一丝不挂、裸身进出。"千夫汲水,一步一灯;终日采石,仅取斤斤",是当时采石的真实写照。

炎夏酷暑,山蚊叮咬;数九寒天,北风袭骨。坑洞蜿蜒,向下曲折,有些地段仅能容一人匍匐而行,拉着上百斤重的砚石,匍匐往洞外拖,背部经常被突出的石头刮伤。砚石坑洞并无任何桩柱支撑,石工只能凭经验、技术观察岩洞顶的石痕生长,做出安全判断。如果看不清石壁,摸不准石脉,不但会把好砚材打成废品,还容易出现工伤事故,所以什么样的石痕安全,什么样的石痕危险,石工们一定要会判断。

古人云:"老坑匍匐仔坑斜,采石人同隔世赊。刘取紫云烦镂削,千金一砍未为奢。"千百年来,无数采矿工人历尽艰险,把砚石从烂柯山中一块一块开采出来,最终才能使其出现在文人墨客的书桌上。毫不夸张地说,如今我们所看到的每一方

端砚，都是采石工人一锥一凿、一步一弯腰挖掘而来。一方端砚，倾注着无数的汗水，凝聚了无数的辛酸。

采到宝矿不仅艰苦还要冒险，正因如此不易，所以对当地人来说，进坑洞挖宝前必须讲究仪式，需先焚香、贴纸、祝祷，红纸上书：姜太公在此。这就解释了为何老石工们进山前要携带香纸笔墨，这种传承至今的仪式是为了感怀先人，保佑平安。祝祷，带给人心灵慰藉，在艰苦的环境中，给人以精神的力量。

质润而纹美的群砚之首

端砚最大的特点是石质纯净细腻、润滑致密。

端石制砚，以石质要达到"温润如玉，眼高而活，分布成象，磨之无声，储水不耗，发墨不损"为佳品，如此"高标准，严要求"，端砚才被视为"群砚之首"。

据岩石学家分析，端砚的原始母岩形成于距今三四亿年的泥盆纪地质时期，是由沉积岩中陆源碎屑细粉砂状泥质岩经熔岩轻度侵蚀变质而成的岩石。由于在变质形成时温度不太高,所以硬度适中,不软不硬。古人曾赞美端砚石"体重而轻""质刚而柔",把"重与轻""刚与柔"这两对矛盾统一于一物中,是有根据和道理的。

上佳的砚石原石呈紫蓝色略带青,视觉感受上给人以轻盈感,令人感到比石头本身要轻;砚矿长期吸收地下水,黏土矿物质为地下水所溶解,石质因而变软变纯。质地坚实而又带柔性,这种柔性即古人所谓"按之若小儿肌肤,温软嫩而不滑";砚石既含有硬的硅,又含有软的泥,刚柔结合才变得润滑细腻。若用手心轻按在砚堂,旋即会出现滋润的水汽,"触手而酥,呵气升云"。同时也是由于这个原因,敲击它时会发出"笃笃"的木声,缺少铿锵之音,即所谓"叩之无声""摩之寂寞无纤响";端砚石另外一种主要成分是绢云母,其令砚石显得坚实而细密,毛笔在上面蘸墨,"久用锋芒不退";有些端砚石还含有磷质,用之研墨写字,墨色油润生辉、光亮照人、层次丰富,字迹历经百年依然光泽如新,虫蚁不蛀。

端砚之所以名贵,除了其独特的石质外,还有丰富多彩、变化莫测的天然花纹,人们为品评、鉴赏方便,称其为石品。

端砚石主要由铁质、硅质氧化物及铁的2价或3价硅酸盐、碳酸盐组成,由于熔岩轻度侵蚀过这些矿体,上述矿物在复杂的地质变化中按照含量的不同、浓度的高低,熔融交汇,形成了各种深浅不同、色彩缤纷、斑痕各异,神似各种自然形态的石品与石眼,使端砚锦上添花、名贵倍增。端砚石品繁多,常见的有鱼脑冻、青花、蕉叶白、天青、火捺、猪肝冻、金星点、金银线、石眼等。这些石品由白、青、蓝、红、褐、绿等颜色组成,呈现出块状、花点状、斑状、线状等形态各异的图案。

端砚艺人们依据这些花纹的大小、色彩、形状,分别用与自然界某些物象相似的名称来命名,不但形象生动,便于辨识,也提升了端砚的文化品质。所以,某些"石品"乍听起来令人费解,但只要看到砚石实物就很容易理解。比如"火捺",是指砚石中有些部分紫红微带黑色,呈现好像被火烧灼过的痕迹,亦称"火烙";"翡翠纹",指砚石上的绿色斑纹,因其色泽与缅甸翡翠玉相似而得名;"金星点",

指石纹中隐约可见一粒粒发亮的小点,如星光闪烁;至于"鱼脑冻""猪肝冻",则是说这种石料的花纹形似鱼脑、猪肝而已。

"端砚贵有眼",生有石眼的端砚最为珍贵,眼多则石嫩,石嫩则发墨性能更佳。端砚的石眼,是天然生长在砚石上、含黄铁矿与赤铁矿的"石核",酷似雀眼、鸡眼、鸲鹆(即"八哥")眼等。石眼大小不一,一般直径是3—5毫米,或黄绿色,或黄白色,以翠绿为上。好的石眼圆正完美,晕圈数层,中间有瞳,谓之活眼,无瞳则为死眼。佼佼者为鸲鹆眼,一层碧晕围着圆圆的瞳仁,使人感到就像八哥在睁眼啁啾。清末潘次耕曾在《端石砚赋》中生动描述:"人唯至灵,乃生双瞳;石亦有眼,巧出天工。黑睛朗朗,碧晕重重;如珠剖蚌,如月丽空。红为丹砂,黄为象牙;圆为鸲鹆,长为乌鸦。或孤标而双影,或三五而横斜;象斗台之可贵,唯明莹而最佳。"将石眼之生动妙趣描写得淋漓尽致。

质润而纹美,端砚天赐的特质,使其超越了器物层面单纯的工具性能而上升为实用与工艺美完美融合的艺术品层面,纹质至美,彰显尊贵。

砚石亦有"赌"

艰苦采得的端砚原石,离雕刻成砚还有一大段距离,在进入制作雕琢工序之前,还要经过一次特殊的交易。

肇庆白石村,被称为中国"砚村",村里几乎家家户户都能制作端砚,每一方端砚都离不开原石交易,所以这里形成了一种特殊的原石交易方法——赌石。

何为赌石?

一块刚从山中开采出来的原石,卖家根据表面可看到的部分纹理,会相应给出报价。买家选中这方原石后,也会根据其上的纹理还一个对应价格,你来我往讨价还价后,最终交易成功。接下来,卖家将原石用一种特殊的锯子锯开,如果开出好的花纹,此原石的价格能够翻几番,也许会成就出一方不俗的名砚;如果开出的原石品相欠佳,不但没有成砚的可能,甚至会亏本或血本无归。这种砚石原石交易,惊心悲喜的瞬间,便是赌石!

赌石,对于喜爱端砚的人而言,无论是资深行家还是初入门的爱好者,都是必经的一个环节,也是加深端砚研究的过程。

端砚石因开采的坑洞不同,其价格也有很大的差异,质量最好的是老坑砚石。老坑砚石的石质在端砚中属于精品,同时也是影响最大、价值最高的砚石。其石质顺滑细腻,品相丰富,多以奇、美著称。老坑在古时已十分珍贵难求,众多文人都争相求取一方好的老坑砚。由于过度采挖,老坑已于1999年封闭,不再挖采,因此目前端砚珍玩市场上,叫价最高、求取最难的砚台,其原石均出自老坑。除出产坑洞之外,原石自带的花纹,如石眼,可以让雕砚大师设计雕刻出更好的作品,因此有石眼的原石价值最高。综上看,寻觅出自名坑、能出石眼或者精致漂亮的石品的原石,是每位赌石者的目标。

虽然目前市场上老坑原石难觅,不过"赌"到一块品质良好的其他坑洞出产的原石还是有可能的。有经验的端砚行家可以根据原石表面的纹理预判里面是否会出石眼。来到原石市场,首先寻觅大小、纹理符合自己预期的目标物,选中后,将干净的布用水完全浸湿，然后细致擦拭原石表面，直至整块石头湿透，在光线充足的地方仔细观察石头表面的色泽、纹路、质感及纹理走向，从细微处再做综合估量，直到做到有信心确定内里石品优异，再谈价、下手购买。

好的砚石，石主一般不会轻易脱手，若急于求买，老板看出了你的焦灼，势必会开出一个高于正常市价的价格。所以，一般觅到心仪的原石，出手要果断，出价若不是高得离谱，与石主商量到合理的价位后，最好把它买下来，以免过后心生遗憾。赌石，既然有"赌"的成分，就不是百分百能够有所收获的。抱着玩赏和客观、平和的心态，凭眼力，也看缘分和运气，判断其价值不能只看眼前。只要赌定是品质上乘的原石，贵一点都值得一试，而质量较差的原石，再便宜也不要贪图。

千姿紫云刀下生

在1300多年的发展历史中，端砚的制作已经形成一门系统、科学、严谨的综合性工艺，其每一道工序都反映着一个时代的政治、经济、文化、艺术风格和面貌特征。

一方砚台，从山中原石到雕刻成砚，这其中不仅有采矿师傅们的艰辛和汗水，还有制砚大师的灵感和创作。一块石头只有经过劳动者的加工和创造才能够体现其真正的价值。

所谓玉不琢不成器，端砚也一样。一块好的原石经过砚雕大师之手制成端砚，价值可以翻上数倍。端砚石不抗击不抗震，机械震动力过大容易使石料震裂，所以，目前虽然已经有专业的电动化工具可辅助使用，但一方好砚的诞生，几乎全靠手工完成。端砚的制作过程较为复杂，工序精细繁多，主要有采石、维料、制璞、雕刻、打磨、上蜡、配盒等。一块顽石要成为一方砚台，需要精雕细琢。而砚雕，是端砚制作过程中极其重要和关键性的工序，是一门艰难而复杂的创造性艺术，这个过程处理得当是锦上添花，处理不当则会弄巧成拙，所以一方端砚的艺术价值很大程度上取决于雕刻者对砚石的构思布局和雕刻手法。砚雕，可谓是点石成金的手艺。

砚雕，首先要读懂砚材。"一看、二摸、三听音"，了解通透石性，才能根据石料天然的石质、花纹因材施艺，因石构图，结合其天然的纹路进行雕刻，使自然美与人工美浑然一体。这种"未有形，先有意"的把控说起来容易，可是真正实施起来却要求砚雕师对石料有深刻的理解、独到的把握，以及对将要成形的作品有"了然于胸、庖丁解牛"的自信。砚雕的初衷，是张扬石品，掩盖瑕疵，令石材展现出最本真、美丽的质感。在雕刻的过程中，雕刻者要有清晰、明确、特点突出的雕刻思路，尽可能使雕刻设计与砚材图案相辅相成，完美结合，并考虑题材、立意、构图、形制以及雕刻刀法和刀路，去粗存精，合理布局，做到"境由心造，意在刀先"。

砚雕第一步是凿粗坯，根据设计思路、主题结构打凿出一个大致的轮廓。这一步是基础，必须重心稳定、层次分明，把握好作品的整体连贯性，一刀一刀凿去废料，显现出所需要的主题，初步形成一幅与设计思路相符的可预期形态。第二步是修粗坯，这一步是细加工，须从整体上调整布局比例和纹饰结构。通过刀法与技法的互进，将作品主题要表现的人物、山水、建筑、走兽飞禽等的具体形态落实并形成图案，内容轮廓清晰，细节线条明朗，各个层次简练分明，作品整体已具有充分表现力。第三步是精雕饰，运用精雕细刻修去作品上的刀凿痕迹，令纹样、细节细腻完美，同时对作品最重要的表现位置加以强调，细化层次，最终达到整体呈现的完美。

端砚雕刻力求线条清晰、玲珑浮凸、一目了然。砚雕对凿刀运用的刀法和技法要求极高，砚雕师必须对所刻画的纹样、所运用的技艺、所遵循的步骤熟记于心，运用刻刀如运用画笔一般，达到刀念合一，这样成就的作品才能浑然天成。

砚雕的用刀，概括为阴刀、阳刀两种刀法。阴刀为"斜刀"，亦称为"企刀"，主要用于勾形和画线，用刀时强调手腕的灵动自如；阳刀就是正刀，主要用于去石和表现、突出物象，用刀时强调手腕的腕力。雕刻时阴、阳刀法交替运用，灵活转化。刀法如书法，每一刀下去，都要起到体现雕刻者的创作意图和加强作品艺术效果的作用，运刀的转折、力度、顿挫、凹凸起伏都是为了使作品更加生动自然，一刀一琢，讲究慢工出细活。

除重视刀法外，多种技法的自然糅合也是砚雕的特征之一。砚雕的表现技法多种多样，运用时复杂多变，技术要求高，主要有深雕、镂空雕、圆雕、浅雕、浅浮雕、线刻、薄意雕、俏色雕等等。采用什么样的雕刻刀法和技法，要视题材和砚形、

砚式而定。天然的石品不可再生,不可再造,后天的砚艺却可以灵活变化,如要表现刚健豪放,多采取以深刀雕刻为主,适当穿插浅刀雕刻和细刻;要表现精致古朴、细腻含蓄,则以浅刀雕刻、线刻、细刻为主。总之,综合运用不同的雕刻手法,可取得更好的砚雕效果。但要注意的是,砚的右下角部分尽量不要用深浮雕,因为人们多习惯用右手磨墨,容易碰坏右下角的景物,并弄伤手。同时,雕制出来的砚,还要能够把玩,动一动就砚、手俱伤,就违背了砚的本质。所以,砚的制作,一般要慎用深浮雕。

"端州石砚人间重",自唐以来,端砚就蜚声四海,不但是岭南文化"十大"名片之一,更是中华民族的文化瑰宝。品鉴历代臻美精湛的古端砚,精致文雅的雕刻艺术、充满文化底蕴的造型设计以及每一方砚台背后动人的传说演绎,无不令人慨叹。千百年悠悠的岁月里,端州的能工巧匠们化顽石为神奇、化平凡为伟大,在实践中开启智慧,不断推陈出新,使端砚艺术日臻完美,形成了端州所独有的端砚文化。

端砚的辉煌在手艺人的细致打磨之中长久流传,新一代端州人对端砚艺术的传承、创新和发展,就是对这项非物质文化遗产的最大保护。源远流长的端砚文化,是中华民族五千年文明历史的解读和印证,是我们的瑰宝和骄傲,它必将承载、延续我们这个时代所创造的灿烂文化和物质文明,前行得愈加精彩而久远。

唐河彩石

"居有石则安,厅有石则雅,人有石则贵,移山岳于斗室,其韵绵长,其乐无穷。"

石头不过是大自然中最寻常的一种物质,却历经磨砺,变换出多种色彩和造型,带给人们无尽的厚重感和观赏性。在久经人类的打磨和利用之后,其越发绚丽多姿,在极具审美价值的同时,也见证了先民们征服自然的勇气和智慧。

石之美,有不经雕琢、呈现大自然鬼斧神工的天然原始,也有经过人类细致打磨加工后所呈现的叹为观止的精雕细琢。

天然石在自然界中被原生态开采出来,保持了石头本身的自然形态,是一种视觉美的体现,是无法复制的大自然的杰作,是地球上最古老的天然"艺术品"。

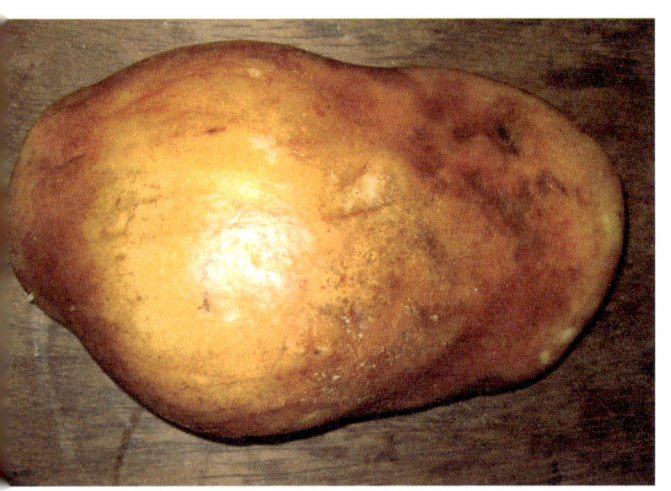

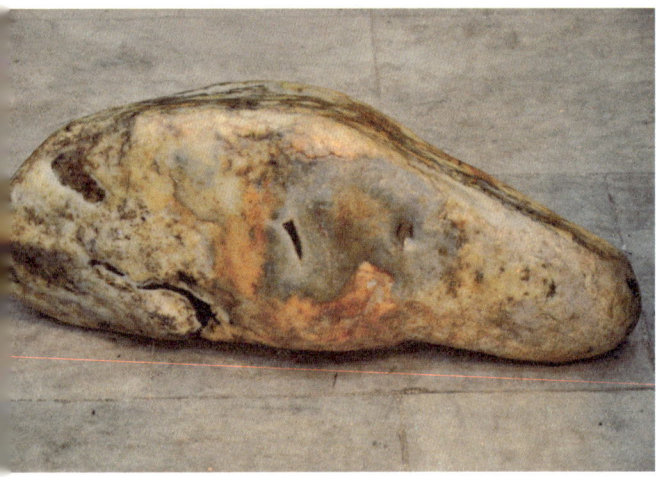

尧之封地出彩宝

位于太行山东麓的河北省保定市唐县，历史悠久，其名肇于上古，是华夏民族的发祥地之一。尧帝少时被封唐侯，唐县即为古唐侯尧之封地。这片古老的土地，出产一种大自然赐予的独特石头，这种石头产于当地主要的河流"唐河"所流经的河域，经过唐河千百年来不断的冲刷洗礼，故而称"唐河彩石"。

不知这美丽的石头是不是曾被这位千古帝君抚摸过，所以才有了与众不同的灵性，才成为这样有韵味的观赏彩玉石。唐河彩石质地坚硬、色彩丰富、绚丽夺目，其主色调以白、黄、红、黑为主，辅以灰、青、绿、紫等；它具有艳丽的色彩、较好的水洗度、变幻多端的造型、浮雕般突出的立体画面、玉化与风化杂糅的奇妙组合……这种别具一格的风骨格调，深受奇石爱好者们的赏识和喜爱。因其玉化度高，又被称为"唐河彩玉"。

有关地质数据表明，唐河彩石生成于距今二亿至十四亿年之间，成分比较复杂，主要含有燧石带白云岩、红色泥叶岩、透闪石、火成岩、花岗岩等，经国家权威机构鉴定，其质地成分主要为：透闪石化大理岩和透闪石硅质岩，莫氏硬度为5—7，比重为28.8，透闪石含量一般在20%—90%，许多彩石玉化程度高，其玉质已经达到了新疆和田玉的标准。

唐河彩石石形独特、石质细润、玉质感强，经上亿年的沉积、变质、出露、剥蚀、侵染和风化，其外观秀美、色彩丰富、纹理图案优而能供于厅堂，有很高的观赏价值和收藏价值。近几年，唐河彩石声名鹊起，不断在石展上亮相，屡屡获奖，深受好评，受到越来越多的收藏家及爱好者的欢迎。

美不胜收的多样性

在唐县小有名气的彩石收藏爱好者李永生的家中，我们看到了许多精美的唐河彩石精品。他收藏的唐河彩石非常有特点，这些彩石都是天然形成，造型奇特，色彩艳丽，栩栩如生，视觉效果非常强烈，从外观上看起来十分秀美。其中一方彩石上天然形成的带叶荷花图，似形非形，韵味无穷，这种自然造物的神奇，令人叹奇。

千年流淌的唐河，神工巨匠般塑造了千姿百态、形象生动、异彩纷呈的奇石，唐河彩石有别于其他名石的最大特色是"类多、色多、形多"。

首先，质地坚硬，类型多样。唐河彩石属于太行山上的变质岩类，其源头为世界地质公园白石山，是经上亿年的地壳变动和洪水冲刷至保定唐河流域。由于太行山岩石的多样性，造就了许多各异的彩石，包括火成岩、沉积岩、大理岩、白云岩、硅质岩等，又因矿物成分、成形条件的各异，造就了不同类型的丰富多趣的唐河彩石。

其次，色彩艳丽丰富，极具视觉冲击力。常见的有黑、白、红、灰、黄、绿、青、紫等多种颜色，颜色十分纯正、丰富、过渡良好；再加上老黄、嫩黄、虎皮黄、淡绿、淡青、乳白、瓷白、深赭、深红、暗红、玛瑙红，在一块石头上突出一个主色调，几种色调巧妙配搭，多而不乱，艳而不俗；尤其是黑白分明的石头，着实突出，简直就像用毛笔画出来的，连墨分五色的感觉都十分鲜明。视觉效果强烈，美得令人陶醉。

再次，造型奇特多变，图案丰富。人物、动物、植物造型皆有，可谓五花八门，活灵活现；其形态逼真，栩栩如生，大朴不雕，极具品位，展示着令人遐思的天然艺术魅力，形神呼应，充满灵性和奥妙。

除上述特色，唐河彩石最突出的就是"玉化"，石上玛瑙化、玉化带（点）丰富，平中见奇，陡增亮色，起到很好的装饰和点缀作用，画龙点睛。

奇石新贵美名扬

唐河彩石色彩丰富，造型多变，色泽光亮，招人喜爱，其间的微量元素对人身体也大有裨益，难怪大家对它情有独钟。作为"奇石新贵"，唐河彩石与国内各类名石交相辉映，其艳丽的红黄色高贵、富丽、喜庆，具有"大化石"的宝气；它的皮色与和田玉籽料相似，润泽明亮；它的纹理、筋络具有"九龙壁石"的格调，"造型当中有图纹，图纹当中有造型"；它既有类似"来宾石"的卷纹，又有"乌江石"的俏皮，甚至出现"摩尔石"的流畅线条，质、色、形、纹、韵俱佳，特点鲜明，独成一家。

在观赏石界，人们曾经一度认为中国北方没有奇石。但随着北京金海石、轩辕石以及保定的唐河彩石的问世，北方奇石在藏石界崭露头角，得到广泛关注。2008年，河北省观赏石协会命名唐河彩石为"河北第一石"。2014年，河北保定首届观赏石精品展上，作为中国北方奇石新宠的精品，唐河彩石首次集中展出，引发藏石界一片新风潮，"藏在深山人未识"的唐河彩石开始走向全国。近几年，保定赏石文化发展迅速，唐河彩石已经得到中国赏石界的认可，并作为河北奇石代表列入全国赏石重要石种。

如今，唐河彩石被保定当地人奉为保定"新三宝"之一。唐县古城文化底蕴深厚，赏石文化源远流长，众多石友热情高涨。现在，想要找到一块上好的唐河彩石并不容易,大部分的唐河彩石目前依靠人工挖掘,想到河水浅滩处随意捡拾就能有所收获已经非常难了。不过,每年慕名来到唐河边寻找彩石的人却在逐年增多,他们坐着漂流皮艇,顺河而下,来到唐河下游寻觅宝石。对于一些观赏石爱好者来说,能够亲自寻觅和采集已是最大的乐趣。

在唐县当地的彩石收藏圈内,很少会有藏友出售自己的彩石藏品,对他们而言,这来自大自然最奇妙的艺术品,已经成为了他们生活中的一部分。富含唐尧文化底蕴和神秘灵性的唐河彩石缔造了保定新的文化传奇,人们从深层次挖掘唐河彩石所蕴藏的内涵,通过民间、官方的推动,在更广阔的地域,使更多的人了解唐河彩石,热爱唐河彩石!

做香

香之为用,其利最溥,物外高隐,坐语道德,焚之可以清心悦神;

四更残月,兴味萧骚,焚之可以畅怀舒啸;

晴窗搨帖,挥尘闲吟,篝灯夜读,焚以远辟睡魔,谓古伴月可也;

红袖在侧,秘语谈私,焚以熏心热意,谓古助情可矣;

坐雨闭窗,午睡初足,就案学书,啜茗味淡,一炉初热,香霭馥馥撩人,更以醉筵醒客;

皓月清宵,冰弦戛指,长啸空楼,苍山极目,未残炉热,香雾隐隐绕帘,又可祛邪辟秽,随其所适,无施不可。

——屠隆《考槃馀事·香笺》

香之历史

用香,是人们追求美好生活不可或缺的一部分。

香,在馨悦之中调动心智的灵性,于有形无形之间通鼻养息、祛秽疗疾、颐养身心,它融合了中国传统哲学、美学和医学等独到的内涵,围绕各种香品的制作、炮制、配伍与使用,逐步形成一种能够体现中华民族精神气质、美学观念、价值模式的文化品相。

中国香文化,代表一种豁达脱俗与大道同行的逍遥,追求与天地合一,超越世俗情趣的无拘境界。它既能悠然于书斋琴房,又可缥缈于庙宇祭坛;既能于席间怡情助兴,又可于实处化病疗疾;既是一种精英文化,又是一种大众文化。

中国传统香文化源远流长,早在殷商时期的甲骨文中,"燎""香""鬯"等字的出现,表明几千年前的华夏始祖就已经开始使用各式香品增香除臭、辟秽防疾了;春秋之后,屈原《离骚》中有很多精彩的咏叹:"扈江离与辟芷兮,纫秋兰以为佩";"朝饮木兰之坠露兮,夕餐秋菊之落英",当时香料多用来熏烧祭祀,佩

带香料可香身辟秽，是文人雅士一种尚美的品质；汉代时，具有代表性的博山炉熏香大行其道，不仅达官贵人修养身心必备，平民百姓使用博山炉熏香、品香也成为一种时尚；唐代经济繁荣，海路交通便捷，佛教鼎盛，上至皇家贵胄，下至黎民百姓，用香风气相当普遍，丰富了各种形式的行香诸法；宋代时，香文化达到了鼎盛，遍及社会生活的方方面面，完全融入了人们的日常生活，品香与斗茶、插花、挂画并称为怡情养性的"四般闲事"；明清时，在继承和发展宋代精致熏香文化的同时，制香形成了成熟的技术，关于香的典籍种类颇多，尤以周嘉胄所撰的《香乘》集前人香文化之大成，"行香"深入家居日常生活中，炉、瓶、盒三件一组的书斋香案成为文房清玩的典型陈设。

近代，战局和社会的持续动荡以及西方工业文明的来袭，使中华传统香文化逐渐衰落。到现代，工业化学香料造就的香品因成本低廉、香味浓郁，冲击着传统制香技艺的复苏，不少人只知"烧香"是祭祀仪式的一部分，而不懂用香、品香实乃美化生活、陶冶性灵的实质内涵。

洪山香派

传统文化的复苏和发展，需要一个安定繁荣的盛世环境。如今，随着人们生活方式与价值观念的嬗变，支持推动中国香文化复兴的力量越来越壮大，香的独特作用、魅力以及丰富的内涵开始被越来越多的人了解、学习并推广。

位于太岳山麓狐岐山脚下的洪山，是有着几百年制香传统的古镇。四百多年前的"洪山香"已远销海外，是中外驰名的香派品牌。历经千年的传统传承，凝结着一方水土的文化血脉和思想精华，洪山香成为传统合香发展传承的代表。

《山海经》中有记载："狐岐之山无草木，多青碧，胜水出焉。而东北流注于汾，其中多苍玉，即此俗名洪山。"洪山，因水而闻名，素有"胜水流膏"之美誉，依赖这一大自然的恩赐，自古以来，与水相关的产业特别是传统手工业在洪山兴盛发达。制香业的发展也得益于此处得天独厚的条件，在生产香品时，需先将木材、榆皮等压碎研磨成细粉。便利的水利条件保证了石磨的低温细磨，这样能很好地保持木质的清香，制出的香品质上乘，深受大众的喜爱，因此这里十家有九户都从事制香。民国版《介休县志·卷七物产谱》载："洪山香坊共百四十余家，行销最广。"1996年版《介休市志》载："民国三十三年（1944），洪山制香业400户，从业人员1200人。"清代、民国时期，洪山村鼎盛时有香坊400余户，香品种类多达上百种，纵横行销十二个省市，出口东南亚九个国家。

彼时，洪山香派在古法合香的工艺方面进行了诸多非常独到的探索与改良。如在线香工艺中，洪山香派是最早使用压条工具的香派；洪山香派突破技术难点，把宋至明时期出现过的很多熏方香品改制成为便于燃熏的燃方香品，为古法合香贡献的香方数以百计。要知道，香界普遍公认，燃方香品的研发难度数倍于熏方香品的研发，洪山香派在工艺探索与改良上的宝贵贡献，标志着洪山香派是一个具有自主创新能力的产业系统，至今仍然有二三十种洪山香派燃方香品得以遗存。

洪山和合香

洪山香拥有着丰厚的古法和傲人的发展史。洪山人坚守着"造化灵秀源于自然"的信念,对古法和合香文化不断进行挖掘、整理与研究,坚持以传统古法手工制香,投入到和合香工艺的传承中去。

和合香,历史绵延久远,是传统制香工艺的核心。历代皇宫中的古法香方,以君、臣、佐、辅之意组方配伍,采用天然香材手工制作而成。在魏晋南北朝时,人们已经对各种香料的作用和特点有了较深的研究,并且开始广泛利用多种香料的配伍调和制造出特有的香气,出现了"香方"的概念。由此,"香"的配方种类逐渐丰富起来,"香"的含义也发生了衍变,不再仅指"单一香料",而是常指"由多种香料依香方调和而成的香品",也就是我们所称的"和合香"。

从单品香料演进到多种香料的复合使用,是香品的一个重要发展历程。璀璨的古法和合香工艺,不仅需要全部采用天然材料做原材,更要有合理的配方、严格的炮制方法和精细的制作工艺。

洪山的制香作坊众多,香品种类繁多,这其中的翘楚当数"全料香"。据记载,洪山村擅长制作全料香的,是具有几百年悠久历史的制香老字号"天成公"。清末时,"天成公"研发出具有通窍开慧、益思提神功效的"全料香",其曾作为贡品闻名于世,制作全料香的祖传秘方《宋氏香谱》世代相传。从20世纪50年代至2004年,由于历史原因,全料香的生产与销售处于漫长的历史空白期。直至2005年,洪山新一代全料香的继承者,经过刻苦研发和千百次的试验,依照全料香的古法秘方终于成功恢复生产出了第一批全料香成品,让已沉睡多年、历经坎坷沉浮、一直停留在秘方文字层面的"全料香",再次以成品的方式完美地重现人间,填补了几十年来全料香的制作空白,使这一经久流传的香品在新时代走入寻常百姓的生活。近几年来,经过不断实践总结,全料香的传统生产技艺更是日臻完善,2014年,洪山全料香已被列为"晋中市非物质文化遗产"。

香中贵族

洪山"全料香",早已突破了一般意义上的祭祀香品概念,而是主要以益思安神、通窍开慧、美化生活、调和身心为内涵功效。与一般香品相比,全料香的制作成本异常高昂,故其被誉为"香品中的贵族"。

所谓"全料",顾名思义,原料选材全面而丰富,用料极其考究。全料香以柏、檀、沉为底,添加灵香、木香、龙脑、龙涎香、苏合香等几十种名贵中药材和香料,再配以洪山当地具有绵软特性的泉水,辅以当地宜人的气候条件制作而成。全料香的配方,除了一些白芷、白檀、甘松等比较常见的香药外,还包括洪山当地特有的崖柏树内皮等三十几种珍稀中药材。

崖柏,源于一亿五千万年前,与恐龙处于同一时代,在白垩纪繁盛一时,被世界林木研究专家组称为世界上最稀有、最古老的裸子植物,是世界上仅存的植物活化石。崖柏生命力极强,具有非常灵验神奇的药用价值,李时珍在《本草纲目》中

对崖柏的评价极高,"……乃多寿之木,可以服食,无毒,除风湿,安五脏,长期服用,使人润泽美色,耳聪目明,不饥不老,轻身延年,兴阳道,益寿,润肝,养心气,润肾燥,安魂定魄,益智宁神,泽头发……"《五十二病方》《千金翼方》等均有记载。

太行山脉的崖柏根植于悬崖峭壁之上,在极端恶劣的环境下生长,仰天地精气,并经历崖风之强劲吹撼,"吸翠霞而天骄",百年不过盈尺,千年不过碗口,使其形成了奇特的飘逸、弯曲、灵动的造型,木质密度高、纹理多变,集天地灵气,吸日月精华,堪称"神木""百木之长"。崖柏由于油性大,有着醇厚的柏木香味,具有极强的穿透力。熏燃时与空气接触后,香味更为清洌,是一种浑厚的药香味,含有对人体有益的挥发油、黄酮类化合物、萜烯类和酚类化合物、有机酸、多糖等。其味经久不散,人嗅了感到清新舒适、清神爽脑,具有松弛精神、稳定情绪的作用。

除用料珍稀之外,全料香的制作过程也比普通香品更加繁琐和复杂。

各种原材料在被制作成成品之前,必须先经过修、蒸、煮、炒、炙、炮、焙、飞等多道加工程序，并且整个流程均秉承纯手工。工艺的复杂精细，其实出发点都是为了保有和发挥药材植物最天然的本性，譬如"煮"，其实是将磨好的木粉和药粉倒入用红枣和蜂蜜熬制的汤水中进行调和，红枣和蜂蜜能平和药粉的烈性成分，这样做出来的香点燃之后气味平和，芬香隽永；再比如"炮"，是将煮好的药粉与其他料粉进行混合后，用温水调和进行拌炒；当最终所有的香药粉料搅匀后，需要像我们平时揉面那样，手工制成圆柱状"香面"，放入百年传承下来的"香筒"中，挤压出一根根如细面条状的线香条，此时需人工将香条码在牛皮铺面上，要求既不扯断，又要快速准确地按要求码齐。

36种天然名贵香药原料、用玫瑰花瓣熬制的水和香泥，一起加入蜂蜜和红枣汁熬煮，全程手工制作……细微处精益求精、与众不同，成就了"全料香"独一无二的气韵。

中华自古讲究"香药同源"，好的香品如良药一般，除了气味芬芳，还有养生祛病的功效；所以传统制香需要综合考虑该香品的用途、香型、品位等因素，再根据这些基本的要求选择香药，按君、臣、佐、辅的比例进行配伍，只有各适其位，才能使不同的原材料尽展其性；同样，也只有识透香品，才能按五运六气、五行生克、天干地支的推演来确定君、臣、佐、辅之位，可以说和合香是中国传统的历法、风水、中医药学理论的精华体现。

在岁月瞬息万变、节奏飞快的今天，当月朗星稀、夜深人静时，一壶清茶，浅斟慢品，一炷青烟，馨香满园。曾深藏于宫廷之中的馥郁清雅，如今伴随着传承者们辛劳的付出，颐养着凡尘的我们，这一股氤氲之气，芬芳传世。

书香中国话传承：徽墨

墨滴无声入水惊，如烟袅袅幻形生。

作为文房四宝之一的"墨"，在文人的笔端蜿蜒迤逦，记录下千载春秋。

墨之前世

墨的发明晚于笔,史前的彩陶纹饰、商周的甲骨文、竹木简牍、缣帛书画等都留下了原始用墨的遗痕。《庄子》中有"舔笔和墨"句,说明在春秋战国时代,人们已经开始用毛笔和墨了。

《述古书法纂》中有言:西周"邢夷始制墨,字从黑土,煤烟所成,土之类也。"不过当时所谓的墨,只是比较小的圆块状,并不是后世以模压制而成的墨锭。

到了汉代,终于有了比较接近墨锭的墨品。这种墨的原料取自松烟,以模制之,墨质比较坚实。当时的愉糜(今陕西省千阳县)所产的松烟墨极为有名。据东汉应劭所著的《汉官仪》中记载:"尚书令、仆、丞、郎,月赐愉糜大墨一枚,愉糜小墨一枚。"由此可见,当时墨已经成为重要的"办公用品",政府官员依品秩按月领用。

至魏晋南北朝时期,贾思勰在《齐民要术》中写下了我国最早讲制墨方法的合墨法:"好醇烟,捣讫,以细绢筛,于内筛去草莽若细沙、尘埃。此物至轻微,不宜露筛,喜失飞去,不可不慎。墨一斤,以好胶五两,浸梣皮汁中。……亦以真珠砂一两,麝香一两,别治,细筛,都合调。下铁臼中,宁刚不宜泽,捣三万杵,杵多益善。合墨不得过二月、九月,温时败臭,寒则难乾潼溶,见风自解碎。重不得过三二两。墨之大诀如此。宁小不大。"该书从制墨的原料、工艺、时间、成品重量都有详细记载。

此后,历代的制墨名匠们不断完善制墨工艺,唐代奚超父子,宋代潘谷,明代邵格之、程君房、方于鲁,清代的"制墨四大家"曹素功、汪近圣、汪节庵、胡开文都是当时闻名遐迩的制墨高手。

到了清代,墨锭除了日常书写用之外,主要向两个方面发展:专供鉴赏用的"精鉴墨"和用作收藏或馈赠亲友的"家藏墨",从而从单一的书写工具逐渐演变成为精美的工艺美术品。

一两徽墨一两金

徽墨产于安徽省歙县、休宁县等,因这些地方历史上属于徽州管辖,故称为徽墨。

据《徽州府志》记载,徽墨的宗师奚廷珪曾用黄山松的松烟为原料,制作出"丰肌腻理、光辉如漆"、经久不褪、香味浓郁的佳墨。南唐后主李煜得到"奚氏墨"后爱不释手,当即封奚氏为"墨务官",专为皇家制墨,并赐奚墨工以"国姓",奚廷珪改称李廷珪。从此以后,徽州李墨名扬天下,为世人所追捧。当时甚至有"黄金易得,李墨难获"的说法。其珍贵程度,可见一斑。

古人曾云:"有佳墨者,犹如名将之有良马也。"徽墨作为墨中翘楚,历来有"一两徽墨一两金"之说。

徽墨的金贵之处,不只在于用料奢华——"廷之墨,松烟一斤之中,用珍珠三两,玉屑、龙脑各一两",还有金箔、麝香、冰片等。更难能可贵的是,为了让墨质更加细腻,墨色更加持久,还需"同时和以生漆捣十万杵"。

正是缘于墨工一杵一杵的精心捶捣,将制出好墨的心意和传承千古的匠心细细贯注于墨中,方才能锤炼出"拈来轻、磨来清、嗅来馨、坚如玉、研无声"的极品徽墨。也唯有这样的徽墨,才能够成为文人奉为至宝的"落纸如漆,万载存真"之墨。

千年传承,墨匠之心

安徽歙县,徽墨之都。正值深冬,摊晒在场中的桐子发出"啪啪啪"的声响,这声音在制墨人的耳中分外动听。桐子晾干、去壳,上锅蒸熟后会压榨出桐子油。桐子油一般用于轻工业或者家具机器的防水,但它还有一个重要用途,就是制墨。

不过,从不起眼的油烟华丽蜕变为墨,还需要经过一个神秘的房子。

徽墨制作技艺传承人、省级非物质文化遗产传承人项德胜为传承徽墨技艺坚守数十载,严格遵循古法制墨。传统徽墨的制作技艺相当复杂,有20多道工序,炼烟、洗烟、熬胶、拌料、成坯、烘烤、捶打、定形、晾晒、打磨、描金、雕刻……每道

工序都需静心凝神、一丝不苟地完成，再加上时间的等待、发酵。

在项德胜的带领下，我们打开了那间神秘的屋子。房间中飘浮着黑色的油烟，如蒲公英的小伞，也像漫天轻舞的黑色细雪——这，就是制作徽墨最好的原料。

屋中放着很多竹子夹住的碗，倒扣的碗下面罩着一碗燃着灯芯的桐油，桐油燃烧时所起的油烟灰都附着在碗壁上，点燃后，烧半小时就能从碗中扫出油烟，墨黑如漆。项德胜告诉我们：徽墨的主材料就是桐子油不完全燃烧的黑烟，所以控制火候的大小非常重要，可谓是增一分则多，减一分则少。碗的安放也颇有讲究，一定要不偏不倚、端正居中才行。

桐油炼制的油烟色牢度和黑度都是其他油料所不能比拟的。但是古法炼制的油烟出产量很少，十几斤桐油才能炼出三两烟，半盆油烟则需要几百斤桐油才能炼制出来。

遵循古法的人工炼烟出产甚慢，而且细软的油烟附着在皮肤上极难清洗，但是这样炼出的油烟色调和韵味都极佳，颜色细腻，无论是用来绘画还是写字都很妙，堪称文房一绝。而工业化量产的机燃油烟没有那份灵气与韵致，完全无法与之媲美。

蓬松的油烟收集好，要加入肉骨头煮制而成的明胶，还有十几种秘方，搅拌后，轻盈飘渺的油烟就渐渐凝聚成墨。但此时，它与一块上品徽墨之间，还差一段千锤百炼的距离。

徽墨里成分复杂多样，在经历搅拌、蒸制后，还需要经历反复揉搓、捶打，让各种材料充分融合，墨泥坚韧、紧致、细腻，才有可能做出一块好墨。

击打墨泥的铁锤方正沉重，制墨师傅程旋说："每下捶击都需要有力度、准确感和节奏感，力道要均匀。只有捶出清脆的'啪啪啪'声才说明打到底，将墨泥打透了。"

这清脆的声音如动听的乐曲一般，让人不禁想到了徽墨的精髓正在于能够坚持"捣十万杵"的匠人之心。

徽墨是千锤百炼打出来的，双手打完，还需要单手再打。打软的墨泥，经过揉搓、称量，就要装入模具定型，成为一块真正意义上的徽墨。

在传统工艺中,用来压墨的工具也是师傅们的座椅,行话叫"坐担"。坐的力道也是要凭着一股巧劲儿,没有多年的功夫很难掌握好这个分寸。

薪火承继 徽墨新彩

随着时代的发展,徽墨已经渐渐从书写工具演变成为工艺品和收藏品,在现代延续着新的生命力。

墨模雕刻,是整个徽墨行业中技术含量最高的,在古代墨工的行规中,只可内传给自己的子嗣,不能外泄。25岁的项颂,作为徽墨制作技艺传承人项德胜之子,有一颗难能可贵的沉静之心。

雕刻模具最讲凝神静气,雕刻中深一刀浅一刀,都关乎最后能否让墨泥完整地印上图案。项颂自小就在父亲的严厉监督下刻苦习练,为把徽墨技艺更好地传承下来,他在那间小小的房间中刻下了无数个寒暑。

项颂展示了一块仅有手掌大小的墨,上面却足足刻了500个字,可见徽墨手工制作的精细程度。

徽墨出炉后,还需要在阴凉处晾晒半年,这期间需要不断翻面,防止变形。晾好的墨经过描金、上色,才能真正成为收藏家们爱不释手的徽墨。

从学徒一路走来,项德胜与徽墨结缘40余载,在坚持传统的手工制墨的同时,推陈出新。他们子承父业,薪火相传。

千年徽墨,万世流传。这一块块精美的墨锭,承载着历代墨匠们孜孜以求、精益求精的心意,更是中华民族辉煌文明的见证。

文房重器，砚之美

砚，历来是文房重器。可以说，它衍变发展的历程，几乎贯穿了整个中华文明史。

说到"砚"，就不能不提到《西清砚谱》。尽管有米芾的《砚史》、欧阳修的《砚谱》、纪晓岚的《阅微草堂砚谱》……但多为私人论著。若论收藏之广、品质之精，仍以清代《西清砚谱》为最。

"西清"，为清代南书房，是朝臣翰林学士工作的处所。《西清砚谱》现藏于中国台北故宫博物院，共计二十四卷，收录各类名砚二百四十方。当时是乾隆皇帝亲自下令，命于敏中、梁国治等八位大学士共同纂修，于乾隆四十三年完稿成集。

作为此书"出版人"兼"名誉主编"的乾隆在自序中写道："内府砚颇夥，或传自胜朝，或弃自国初，如晋玉兰堂砚、璧水暖砚，久陈之乾清宫东西暖阁，因思物繁地博，散置多年，不有以荟综粹记，或致遗佚失传，为可惜也。"

其实早在八九千年前的新石器时代，中国就已出现了简单的石质研磨器，那便是砚的雏形。至汉代，出现了真正意义上的砚，如三足砚、平板砚，雕工古朴精良。隋唐时期，随着制砚技术的成熟，广东肇庆的"端砚"、安徽歙县的"歙砚"、甘肃洮州的"洮河砚"、河南洛阳的"澄泥砚"，在众多砚石中脱颖而出，并称为"四大名砚"。

歙砚如名士

提到江西上饶的婺源,很多人的第一反应是金灿灿的油菜花。殊不知,除了油菜花,婺源还有"宝藏"。婺源在古时是徽州的所辖区,域内的龙尾山就是出产歙砚石之地。

经过上千年的开发,今天的龙尾山碎石遍地,砚石资源越发稀少珍贵,当地政府已经将这里的老坑封锁起来,不让开采。如今的制砚人只能在山下的河溪里碰碰运气,寻找冲落下来的籽料。寻找石料时,人们站在寒冷的溪水中,弯着腰,拿着小铁锤,一找就是十几个小时。寻到合适的籽料,用小铁锤敲击,声音比敲木头更为响亮、清脆。

歙石八德

中国自古就有"端歙"之争。端砚如贵妇,色紫温润,发墨细腻;歙砚如名士,色冷坚毅,发墨迅快。可以说,端歙各有千秋,至今仍无定夺。

因为歙砚砚石取材自龙尾山,歙砚又称"龙尾砚"。宋代文学家欧阳修曾在《砚谱》中赞誉歙砚"龙尾远出端溪上",认为歙砚胜过端砚。南唐后主李煜也尤为钟爱歙砚,他曾将"龙尾山砚""澄心堂纸""李廷珪墨"称为"三者为天下冠"。可见帝王文人之中,也有痴迷歙砚者。

宋人唐积在《歙州砚谱》中讲述了歙砚的来历："在唐开元中，猎人叶氏逐兽至长城里，见叠石如城垒状，莹洁可爱，因携以归，刊粗成砚，温润大过端溪。后数世，叶氏诸孙持以与令。令爱之，访得匠手斫为砚，由是山下始传。至南唐，元宗精意翰墨，歙守又献砚并斫砚工李少微，国主嘉之，擢为砚官，令石工周全师之，尔后匠者增益颇多。"此文中，猎户叶氏寻得的，正是制作歙砚的顶级石材——龙尾石（也称罗纹石）。龙尾石以其冷毅之色，被赋予"坚、润、柔、健、细、腻、洁、美"八德，叩之有声、抚之若肤、呵之水出、磨之无声、涤之易净、嫩而能坚、润而不滑、发墨益毫。

歙石之稀，在于它需要5亿—10亿年的地质变化才得以形成。它带有天然的鱼子纹、罗纹、眉纹、金星、金晕等……而这些鬼斧神工的花纹，均为绢云母与碳的结晶体。

绢云母，属于单斜晶体，具丝绢光泽，硬度为2—3，富弹性，在屏蔽紫外线、微波、红外线等方面，比所有无机矿物都要出色，因此格外耐热、耐酸碱侵蚀、抗磨损、抗老化。龙尾石正因为含有如此独特的成分，造就了歙砚与众不同的特性——坚韧缜密、毫不噙水、呵气发墨、细润如油。

角浪浦云 西风拉琴

宋代是歙砚发展的鼎盛时期,因两宋都推崇右文政策,砚台作为文人的必备之物得到了空前的发展。当时朝廷甚至成立了专门的制砚机构"砚务局",为名人高官制砚,以一国之力,集名家绘图、名手雕磨,因此极品名砚不断现世。一方石砚,不再只是研墨的工具,亦是文人雅士对自身品性的诉求。

文人早已将砚视作精神的寄托和灵感的媒介。武士剑不离身,文士砚不离身,南唐后主李煜被俘之时,随身也只带了一方心爱的歙砚。

苏东坡极爱歙砚,曾作《龙尾砚歌》,并写了《眉子砚歌》等诗文。元丰八年,苏辙在徽州绩溪任县令。东坡专程从黄州赶到徽州观采砚石。那时绩溪西门外正修筑长堤,苏辙出衙迎兄长到堤边桥头。后人便把该堤题名为"苏公堤",把桥命名为"来苏桥"。当地文人雅士听闻苏轼到来,纷纷求字。可是寻不得一方好砚,苏轼提不起兴致。苏辙遂命人贴出布告,征集歙砚。

城外正在修"苏公堤"的工匠中有一人正是前朝"砚务官"李少微的后裔,看到苏辙征砚的告示,便将家中祖传的一方歙砚献给了苏东坡。此砚色如碧玉,纹理妍丽。苏东坡当即赋诗赞颂:"罗细无纹角浪平,半丸犀璧浦云泓。午窗睡起人初静,时听西风拉琴声。"

他将歙砚的纹理比作"角浪浦云",将研磨之声比作"西风拉琴",可见苏轼对歙砚观察之细、琢磨之精。他曾高度评说歙砚:"发墨者必费笔,不费笔者不退墨,二德难兼。唯歙砚涩不留笔,滑不拒墨,瓜肤而縠理,金声而玉德。"

案头良友 文士钟爱

唐代著名书法家柳公权在《论砚》中极为推崇歙砚,于是歙砚自此名扬天下。除了有龙尾山独一无二的天赐砚石,更重要的是徽州历代砚雕大师在设计、雕刻上苦心孤诣。

在四大名砚中,歙砚的石质硬度适中,平滑细腻,天然纹理清晰漂亮,使得雕刻的艺术空间较大。歙砚的雕刻,深受徽派雕刻艺术的影响,以精细见长,造型古朴,多以浮雕、浅浮雕、半圆雕为主，手法细腻，层次分明。徽州砚雕讲究的是因势就形，最上乘的雕刻，就是让砚石的天然纹理与后期的雕刻浑然一体，瑕不掩瑜，锦上添花。

历代文人中，如洪景伯、欧阳修、蔡襄、周必大、黄山谷、唐寅等都十分钟情歙砚，大量盛赞歙砚的诗文传诵于今。大书法家米芾在《砚史》中写道："金星宋砚，其质坚丽，呵气生云，贮水不涸，墨水于纸，鲜艳夺目，数十年后，光泽如初。"而宋代书法家蔡襄则更是直接以价值连城的"和氏璧"比作歙砚："玉质纯苍理致精，锋芒都尽墨无声。相如闻道还持去，肯要秦人十五城。"

观古今歙砚，其形或古朴，或飘逸，或因势象形，或大巧若拙，无不与中国文人洒脱中直、超然物外、温润谦和的性格相契合。

歙砚之美，尤在那一泓静如止水的砚池——方寸之地，却汇集五洲之水，夏不腐，冬不冻，以简为恒美，化时空为大千。紧细肌质，不藏积墨，历千年仍素洁如琉璃。它是砚中君子，个性清峻，不入尘世。研墨之时，静润冥思，落笔之间，气象万千。

"不轻不燥禀天然，重实温润如君子。"歙砚秉性如此，或许，这就是诸多文人青睐它的缘故。

湖笔：毛颖甲天下

"越管宣毫始称情，红笺纸上撒花琼。都缘用久锋头尽，不得羲之手里擎。"

唐代女诗人薛涛这一首《笔离手》，只寥寥数言，却述尽毛笔旖旎婉转、流传千古的笔端风流。

湖颖：千年传承

众人皆知，文房四宝，首称为"笔"；而湖笔，则因"毛颖绝技甲天下"而有"笔中之冠"的美誉。

湖州历来是东南形胜之地，文风昌盛，历代文人才子迭出。著名书法家王羲之、王献之、颜真卿、米芾、苏轼等都曾在湖州为官或寓居于此，他们的书画活动，必定带动湖州制笔业的兴起。

而湖笔最终名扬天下，成为文人墨客纷纷求取的佳笔，或者和元朝著名书画家赵孟頫有关。据《湖州府志》记载：赵孟頫十分重视湖笔的制作技艺，他曾要人替他制笔，一支不如意，即令拆裂重制。这种严格的质量要求一直流传至今，成为湖笔匠人们不断追求完美的动力。

文震亨在《长物志》中对于如何制作一支上佳之笔有如此写照："尖、齐、圆、健，笔之四德，盖毫坚则尖；毫多则齐；用苘贴衬得法，则毫束而圆；用纯毫附以香狸、角水得法，则用久而健。"

闻名遐迩的湖笔，正是严格秉承"尖、齐、圆、健"的工艺标准而制作。湖笔产于浙江省湖州南浔区的善琏镇，又被称为"湖颖"。这个"颖"字，正是湖笔最大的特点。所谓"颖"，是指笔头尖端有一段整齐而透明发亮的锋颖，业内人士称之为"黑子"，这是其他毛笔所没有的。使用湖笔书写，棱角明晰，勾捺锋利。千百年以来，湖笔因这道独特的笔锋而被无数文人推崇备至，奉为至宝。

今天，在湖州，古老的制笔工艺依然在笔匠手中流传着。

水盆工序：素手染赤水

传统的湖笔主要分为软毫、硬毫、兼毫三大类，这三类所用的笔料众多，工序也略有不同，但相同的是笔匠们对于制出一支上佳湖笔的执着匠心和千年传承下来的精细的制作工序。

湖笔：毛颖甲天下

以软毫的羊毫为例，选料只能采用浙江杭嘉湖一带所产之优质山羊的腋下毛。因为这一带的山羊以圈养为主，会吃含有高蛋白的冬桑叶或空心莲子草，因此所产的羊毛锋嫩质净。平均每只羊只能出三两笔料毛，有锋颖的更是只有六钱。羊毛经过陈宿多晒，除去污垢之后，是制作笔头的上佳原料。

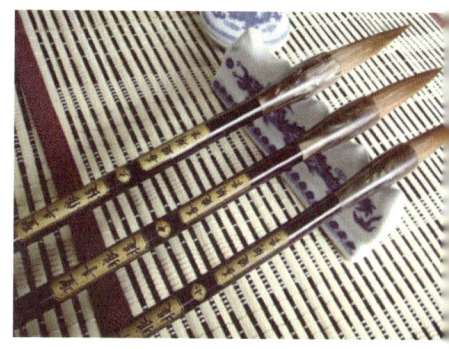

除去污垢的羊毛，根据毫料扁圆、曲直、长短、有无锋颖等特点，浸于水中进行分类组合，一般要经过浸、拔、并、梳等70余道工序，才能粗具笔头雏形。

一支具备锋颖的湖笔，笔形优美，书写时既可以孕墨又可以写出笔锋。而锋颖的形成，关键就要看水盆工序中的一道绝活儿：连羊毛。

朱雅琴是湖州著名的制笔大师，她从19岁开始学做毛笔，一做就是40年。江南为钟灵毓秀之地，地灵人杰，制笔师傅们也尽收天地精华。朱雅琴作为水盆工序师傅，深谙"心身如一"的匠人做派。

她说："连羊毛时，首先要侧身而坐，只有这样，才能在离水盆很近的情况下，还能保持优雅秀美的坐姿。"笔如其人，大抵只有仪态端庄的笔匠，才能制出端雅大气的湖笔。看朱师傅不急不躁，仔仔细细地用大拇指和骨梳将整片羊毛几根几根地理出，随着时间的流逝，原先参差不齐、杂乱无序的羊毛就在她手下乖

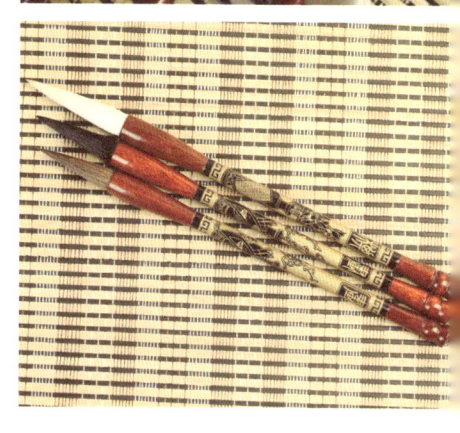

乖地被规整好，分成了整齐的几绺——按照笔锋长短有序排列，或做锋颖，或为披毫，各有归处，纹丝不乱。

区分羊毛也是一个极为考验眼力的细致活儿：不能单看羊毛的长短，还要细细审度锋颖的位置。若是锋颖不同，长短相同的羊毛也不能放在一起。要知道，每根羊毛都十分纤细，至于其上锋颖不同的细微之处，更是需要明察秋毫的精准眼力。至于不具备锋颖的杂毛，会被师傅们挑出去，制成披毫，正所谓"千万毛中拣一笔"。

湖笔笔头分为两层，外层是锋颖较长的披毫，用其包裹住内层笔心。从选料开始，经过浸、拔、并、梳、连……再到卷笔心、盖笔头……几十道工序下来，才能做出湖笔笔头的雏形。

湖笔的制作非常不易，单是连羊毛这道工序，要想真正出师都需要好几年的不懈努力。水滴石穿，看似纤细柔软的羊毛，经年累月地在掌中摩擦，将制笔人的手磨出深深的印痕；有的师傅的手更是被划出一道道伤口，鲜血将水盆中的水也染成了赤色。个中艰辛不易，可见一斑。

即使如此，和朱雅琴一样的湖笔水盆师傅也仍然不曾放下手中的羊毛、骨梳，更不曾放下心中那份对于制好湖笔的赤子之爱。这一切，或者都只源于笔匠们那句真心实意的"我喜欢"。

择笔：画龙点睛，精益求精

湖笔制作中还有一道重要的工序：择笔。择笔又称修笔，指让制成半成品的毛笔笔头在干燥状态下散开，择笔师傅一手握住笔杆，一手用择笔刀将半成品再次修整；然后用天然胶水鹿角菜沾满笔头，用虎口用力夹住笔头，将之挤干；最后再用手上的一股巧劲儿将笔头修出圆锥体的形状。制好的湖笔因为沾了鹿角菜胶，干后笔尖锋利如刃，笔头也质地坚硬。

没有择过的笔，粗细不均匀，择完之后，一缸笔的粗细都十分一致。钱老师就是具有多年经验的择笔老师傅，他能够不借助测量工具就将每支笔的粗细择到不差毫厘，整齐得犹如精工机器所制一般。

湖笔在择笔老师手中达到了完美的样式，再经过最后的刻字工序，一支真正意义上的湖笔才算最终完成。

"尖、齐、圆、健"，自古以来，湖笔的品质莫不秉承这四德：尖如锥状，齐如刀切，圆润饱满，弹性有力。

毫虽轻，功甚重。

传统的湖笔制作，从笔料、水盆、结头、装套、镶嵌……再到蒲墩、择笔、刻字，这百余道看起来单调枯燥的手工步骤，却成为湖笔工匠们毕其一生坚守的技艺所在，流传千古，从未改变。

宣纸：纸中王者

文房四宝中，如果说笔是书写历史的工具，那么纸，便是承载岁月的载体。

纸，在文房四宝中最为低调。可如果没有纸，那一幅幅笔走龙蛇、大气磅礴的书画作品要如何传世？或者可以说，如果没有纸，便不会有王羲之酣畅淋漓的《兰亭集序》，也不会有那工笔细作、栩栩如生的《五牛图》，更不会有那被誉为"画中之兰亭"、颇具传奇色彩的《富春山居图》流传世间。

而安徽泾县所产的宣纸，则是纸中王者，素有"纸寿千年"的美誉。

唐代:"宣纸"前世

"上瑞何曾乏,毛群表色难。推于五灵少,宣示百寮观。形夺场驹洁,光交月兔寒。已驯瑶草别,孤立雪花团。戴豸惭端士,抽毫跃史官。贵臣歌咏日,皆作白麟看。"

唐代诗人黄滔的这首《省试内出白鹿宣示百官乾宁二年》,是赞美白鹿宣纸的一首五言诗,也是迄今为止史书记载最早赞美宣纸的一首诗歌。据《旧唐书》记载:唐天宝年间,宣城郡船运到京城长安的进贡之物中,有"纸、笔"等贡品,这说明当时宣城郡已能生产出质量非常不错的纸、笔。《新唐书》也载宣州宣城郡土贡有"纸、笔"等物。

而"宣纸"二字连用,作为一个表示纸张的专有名词出现,始于唐代张彦远所著《历代名画记》。其卷二中云:"江东地润无尘,人多精艺,好事家宜置宣纸百幅,用法蜡之,以备摹写。"

后世之人,多以这些史料作为宣纸始于唐代的论据。但从造纸技术的发展来看,此"宣纸"非彼"宣纸"也——这时的"宣纸",只是宣州地区所产高级纸张的总称,并非是后世以青檀皮为原料的"宣纸"。

树皮和稻草:宣纸的骨与肉

安徽泾县,宣纸的原产地。这里的山水草木之间,蕴含着宣纸生产的全部奥秘。宣纸制作所需的原料,全部产自泾县。这也是宣纸和泾县最密不可分的渊源。

造纸术自东汉发明至今已有两千多年。史书记载,蔡伦以树皮、麻布、渔网做纸。而制作宣纸的原料,也正是泾县当地一种树木的皮,这种树名为青檀树。青檀树是我国特有的树种,皖南山区的气候,非常适宜青檀树的生长。每年冬天,伐条工人都会在山上寻找三年左右树龄的青檀树,将其枝条砍下。这些青檀枝条上的皮,纤维质量很好,韧性极佳,是制作宣纸的重要原料之一。

据《小岭曹氏宗谱》等历史文献资料记载:曹大三为躲避战乱,在宋末元初率族人辗转迁徙到安徽泾县小岭后，开始了全面系统地以青檀皮为原料制作"宣纸"的历程。

对于刚砍下来的青檀枝条，很难将它的皮直接剥离下来。为了能更轻松地取下枝条皮，早在元朝时期，聪明的纸匠们就想到用锅炉将这些树枝蒸熟，而蒸熟之后的枝条皮，非常容易剥落。

用青檀皮为主料制造出来的宣纸，吸附性强，不易变形，抗老化，防虫蛀，寿命长，纸张具有薄、轻、软、韧、细、白等六大特点，有助于书画家在进行书画创作时，达到浓淡多变的特殊风格。所以后人发现：自明代以来的名人字画、历史文献等，凡用宣纸书写、印刷、摹拓者，字迹都保存完好，一直善传至今。所以宣纸素以"纸寿千年、墨韵万变"的盛誉而驰名中外。所有这一切，都与宣纸的原料是以泾县青檀皮为主料分不开。

制作宣纸的另一种原料是沙田稻草，尤以泾县优质沙田长秆籼米稻草为佳。这种稻草纤维性强，不易腐烂，又容易自然漂白。所以，檀皮决定纸的韧性和拉力，而稻草决定纸的洁白与柔软。

树皮是宣纸的骨干，稻草是宣纸的血肉。皮多则纸坚韧，称"净皮宣"（檀皮占60%）甚至"特净宣"（檀皮占80%）；草多则纸绵软，称"绵连宣"或"棉料宣"。只有皮、草两者融合，才有了宣纸独特的润墨效果。

而制作宣纸选用的也是当地独有的山泉水，这种山泉水蕴含大量的矿物质。所以，青檀、稻草和山泉水，决定了泾县成就宣纸的必然性。

捞纸：纸浆的蜕变

在经过一年的准备之后，檀皮和草料将正式开始它们从原料蜕变为宣纸的过程。在经过碾碎、浸泡、灰掩、漂白、制浆等十余道工序后，原料转化为纸浆，放入纸槽，进入宣纸成型过程。

"捞纸"，是宣纸制作工艺中最为重要的环节之一，也是让纸浆成型为纸的重要过程。

《天工开物》中，对于捞纸技法有详尽描述："……厚薄由人手法，轻荡则薄，重荡则厚。竹料浮帘之顷，水从四际淋下槽内。然后覆帘，落纸于板上，叠积千万张。数满则上以板压。"

捞纸时一般都是两人配合，抬着纸帘在纸槽中晃动。宣纸的厚与薄、好与坏，

全靠捞纸师傅多年的经验和手上的功夫。

捞纸的工具主要为帘床，上面是纸帘。帘尺夹住帘子，起到固定作用，不让帘子移动。两人合作，一边控制力道、起主导作用的叫"掌帘"，另一边配合的叫"抬帘"，这是每个捞纸匠人最开始的入门工种。

两人各站一边，将帘床放入纸浆池中，左边抄一下，右边抄一下，纸浆便均匀地附着在纸帘上，取下之后便是一张宣纸的雏形。

周东红，捞纸师傅，从事捞纸工作已经有三十多年，经他手捞出的宣纸已经有上千万张。他捞出的纸，每张纸重量误差不超过一克。

为了保证捞出的每一张纸都能达到厚薄均匀，周师傅必须随时观察纸浆的浓度，一旦浓度降低，必须及时加浆。如果想要实现反复捞纸，还需要在纸浆中加入一种纸药：野生猕猴桃藤汁。这种汁含有丰富的胶质，十分黏稠。没有猕猴桃藤汁，纸浆就不会悬浮在上面，会沉底，捞不起来。

一张宣纸从投料到成型需要上百道工序，捞纸极为关键。每天站在纸槽边，操起纸帘，下水捞纸，弯腰放帘。这样简单枯燥的动作，周东红每天要重复上千次，一干就是三十多年。捞纸车间夏日闷热潮湿，蚊虫袭扰；冬日屋寒水冷，使人手生冻疮。如果耐不住寂寞、吃不了苦，根本无从坚持。问周师傅为何从来不曾想过换工作，他说自己只想一辈子只做一件事。

说这话时，周东红腼腆的面容多了几分刚毅，眼神中也透着坚定与一丝温柔。或者对于他们这样的纸匠而言，造纸过程中的一个工序便是其一生所求，足以使其坚守终身，为造纸倾尽全部的心力。

晒纸：得有两把刷子

从宣纸出现至今的一千多年间，制作工艺一直不曾改变。在这一百多道复杂的工序中，每一个环节都离不开纸匠们的辛勤劳作和传承技艺。

经过捞纸师傅的劳作之后，宣纸已现雏形，但是要想蜕变为真正意义上的宣纸，还需要经过"晒纸"这一关。

晒纸是宣纸制作最关键、最复杂的工序之一。所谓晒纸，就是将捞出的湿纸品进行烘烤，使其变干的过程。

毛胜利今年48岁，从事晒纸工作30年了。晒纸工序对于技术要求颇高，一般学习三年以后才能熟练地单独晒纸，悟性好的也得一年后才能出师。

一张好的宣纸，必须是均匀平整、完美无瑕的。能否将宣纸服服帖帖地粘在火墙上，全靠晒纸工的这几把刷子。如今在民间称赞一个人有能耐，就称这个人有两把刷子，这"两把刷子"就是源于宣纸晒纸工。

取下纸张后，将其放在滚烫的排面上，用刷子刷平。排面的温度有80—90℃。夏天屋内十分闷热，如同桑拿房间一样，晒纸工人们都赤膊上阵，仅穿背心短裤，即使如此，也仍然感到酷热难当，汗珠吧嗒吧嗒直往地上砸。到了冬天，蒸腾的热气扑到脸上也令人难以忍耐。

这一切，毛师傅却从来不觉得苦，他说："一张纸就是一个产品，但是艺术家

宣纸：纸中王者

作画以后，给这张纸赋予了生命，我觉得这就是我们工作的意义所在。"

晒完的宣纸摞成一摞，盖上红色印章之后就完工了，从此这些宣纸有了它自己存在的意义，也有了它生命的印记。

著名画家李可染说过，"没有好的宣纸，就作不出传世的好国画。"

郭沫若也曾说："宣纸是中国劳动人民所发明的艺术创造，中国的书法和绘画离了它，便无从表达这艺术的妙味。"

宣纸在文人墨客心中的地位，由此可见一斑。

宣纸作为人类共同的文化遗产，传承至今已有一千多年。在宣纸制作的一百多道工序中，凝聚着的是每一位工匠的执着与坚守，彰显着的是无数劳动者的智慧和汗水。因为他们的辛勤付出，才成就了美不胜收的中国传统书画艺术。

质地绵韧、光洁如玉、洁白纯净、纹理稠密、不蛀不腐、墨韵万变，写书法则骨神兼备，作画则酣畅淋漓，"千年寿纸"，不愧"纸中之王"！

匠心

巴中皮影

秦巴山区是指长江最大支流汉水上游的秦岭、大巴山及其毗邻地区。这里森林茂密，土地肥沃，气候温和，自然资源极为丰富。秦巴山区是一片神秘的土地，这里丰润的水土养育着这片土地上的人民，孕育着别样的生机，也形成了独特的民风民俗。

皮影戏，又称"影子戏""傀儡戏"，观众欣赏的是幕后表演者用皮质人偶呈现在幕布上的影子，很多人都说这是电影的雏形。表演时，艺人们在白色幕布后一边操纵人偶，一边用当地流行的曲调讲述故事、演唱曲目，同时配以打击乐器和弦乐，可以说这一表演有着浓厚的乡土气息。巴中皮影，作为古老而传统的戏曲艺术中的一个重要分支，流传到今天，具体有多少年的历史已无从考证。目前关于皮影戏艺术的确实文字记载，最早见于宋代张耒著的《明道杂志》，上写道："京师有富家子，少孤、专财，群无赖百方诱导之，而此子甚好看弄影戏，每弄至斩关羽，辄为之泣下，嘱弄者且缓之。"由此可看出，皮影戏在宋代就已经完善并盛行起来，距今已有1000多年的历史了。

古老技艺的传承者

"汉妃抱子窗前耍,巧剪桐叶照窗纱。文帝治国平天下,制乐传于百姓家。"

在过去还没有电影、电视的年代,皮影戏曾是十分受欢迎的民间娱乐活动之一。在巴中,人们关于久远年代的记忆,就是大家一起坐在院坝里观看皮影戏,皮影戏代代相传,陪伴着巴中人走过了蹉跎岁月。

岁月轮转,在多元化影像媒体纷呈、信息爆炸交融的今天,一出原汁原味的巴中皮影演出到何处去寻?这项古老而又传统的表演艺术,是谁在坚守和传承?走进肖家小院,也许能够为我们揭开谜题。

摆放着老木桌、老木椅,使用年代久远刀刃却依旧锋利的雕刻工具……肖剑锋正在老屋中制作皮影,这是肖家皮影祖传的手艺,到他这里已经是第八代了。

"巴中皮影",分为传统皮雕工艺美术和皮影戏剧演出两大部分。作为皮影艺

人，每张皮影都要自己亲自雕刻，每段唱腔也要自己尽情演绎发挥。

皮影人物雕刻，是皮影艺术的起端。在肖剑锋的面前，仅雕皮影的工具就有五十多把，每一把雕刀，决定着在皮影上镂刻的形状，条形、圆形、方形……不同的形状需要不同的雕刀工具来完成。

因为巴中皮影异常结实、厚实，制作时不同于其他皮影，必须依靠锤子、榔头配合敲打雕刀去完成镂刻，巴中皮影究竟是什么材料制作的？而这种材料如此坚韧，不易雕刻，又为何非要选择用它来制作皮影呢？

原来制作巴中皮影的原料是牛皮，不同于中国其他地区皮影流派制作皮影的原材料，巴中人选择牛皮来制作皮影是有原因的。因为牛皮有很多好处，比较坚硬、耐磨，由于巴中地域上只有牛是常见牲畜，羊、驴等畜类比较少，所以牛皮很便于就地取材。牛皮坚韧，再加上独门工艺的处理，使得巴中皮影不会因为本地潮湿的气候而腐蚀，涂上去的色彩可以保存200年之久。

精细复杂的制作工艺

一张皮影，需要很多道工序才能完成。

首先，皮影雕刻的牛皮，要经过"发汗""浸泡""刮毛""去筋""绷伸晾干""下料"多道工序，留待雕刻制作。然后，将要雕制的皮人偶的头、身、四肢分画于纸上，再将纸人各部分粘贴在牛皮上，运用上面提到的50余把不同类型的刀、凿进行捶刻；刻好后进行上色，主要使用红、黄、青、绿、黑等五种纯色的透明颜料；上色完成后，再用手工熬制的明油（又称亮油）浸泡，将皮革浸泡得越透明越好。正是由于这些复杂的工艺、特殊的材料，使得巴中皮影人物投影到幕布上的影子显得色彩鲜艳又晶莹剔透，别具美感。只有这样做出的巴中皮影人偶才能真正达到"镞镂精巧，五色点染，永葆明亮，虫鼠不咬，色久不变"。

晾干后，使用粗麻绳将皮人偶13处关节部位进行缀结连接，组装成人的身躯和四肢，皮影行业称"桩"，在桩上固定三根提签，供走影艺人操作。皮影人偶的头部与身体是分开的，头颈部下端有一楔子，演出时，按人物角色变化找出相配搭的身体，插入身体胸上部的卡口内，组成完整形象。

除了结实，巴中皮影的另一个特点，就是个头很大。据说由于表演场地大，为方便人们看清楚，每一张皮影都要制作得足够大。皮影人物，在民间称为"门神"，因其制作过程与民间制作门神的木版画和门神人物形象相似而得名。巴中皮影，不同的规格型号其大小都有相应的尺寸要求，分为"头门神""二门神""三门神"其中"三门神"高0.8尺（约27厘米），"二门神"高1.4尺（约47厘米），最大的"头门神"高1.8尺（60厘米），可高达七八十厘米，这也是巴中皮影非常突出的一个特点。

精细的雕刻工艺、纯矿物色料的制作、亮油的加工浸泡……每一道工序，均按照传统工艺一步步精细完成。一般做一个完整皮影人物出来，熟练的老匠人也需要十几天的时间，十分费时。人偶制作繁琐，需要皮影艺人在制作台前一坐十几天，寂寞而坚忍，但作为传承者，肖家一辈辈人将这门手艺手把手相传，坚守着一种信念，承担着一份责任。

丰富多彩的演出戏目

来到肖家的第二日，适逢巴中市民间文艺家协会要举办一场表演，邀请的正是肖家皮影剧团。现在雇皮影剧团表演的越来越少，所以肖剑锋会珍惜每一次的表演机会，认真跟父亲学习。

一般说到戏曲，都是有剧目的，就像歌一样一首首传唱。因此，皮影艺人不单要会亲手制作皮影，还要熟知各种皮影剧目，并要会唱会演绎各类剧目。

巴中皮影戏的演出唱腔、剧本、伴奏乐器均与川剧一致，故又称"川剧皮影"。皮影戏舞台设施十分简单，皮影艺人事先搭好台棚，置一幅长约4尺（约133厘米）、宽约2.5尺（约83厘米）的白色细麻布和纱质屏幕（又叫影窗、亮子），手持操纵棍，按剧情需要在屏幕后舞弄皮偶，利用灯光将皮偶的影像透视在幕布上，配合道白、唱腔，以各类人物、鸟兽进行表演，这种表演俗称"皮龈龈戏"。巴中皮影的演出方式分为"庙会戏""青苗戏""太平戏""耍戏"

"民俗礼仪戏"和"愿戏"六种。其中的主角演员为"走影子",多为祖传,巴中人又称"拦门"。伴奏乐器为软、硬场面两部分,软场面为盖板、京胡、扬琴、琵琶、二胡和唢呐,硬场面为全套的川剧打击乐。

巴中皮影艺人技艺高超,既有动态表演似木偶戏中的木偶眨眼拌嘴,更有川剧变脸的特技表演。打唱逗哏,十分讲究"板""眼""腔""白"的综合运用。历史上,巴中皮影的剧目曾多达500多部,传至肖剑锋父亲肖德秋这辈,肖大叔会唱的剧目共计200余部,而说到肖剑锋,他目前学会的、能演绎的剧目却只有几部。以前的年代,皮影戏表演非常受欢迎,演出次数多,肖剑锋的爷爷带着肖爸爸四处表演,在剧目一次次生动的再现中,肖大叔学习到了大部分戏目的内容和精髓。而随着历史的变革,皮影戏的演出机会越来越少,实践机会的减少令传承陷入了困境。

肖大哥的父亲肖德秋是肖家皮影剧团的团长,身为家里第七代传人,他也是表演功力最为深厚的演员,其中,有项皮影表演绝技叫"脱帽戴帽",是肖大叔的拿手绝活。

这项绝妙的表演,就是在操作皮影人物正常行走的前提下,完成其脱帽戴帽等复杂的动作行为。人只有两只手,仅凭手去操作非常有难度,而操作皮影是用连接其上的操纵杆来完成,更何况这张人物皮影的操纵杆有三支,到底要如何才能完成这样复杂的动作呢?

肖大叔的整个表演实在是令人拍手称奇,赞叹不已。在两只手的配合下,他用嘴巴叼住其中的一根控制杆,幕布后的皮影人物亦步亦趋、不慌不忙,脱帽前先悠闲地顿一顿,捋捋胡须,然后轻轻摘下头冠,每一步动作都精细到位;接下来,皮影人物抬手摸摸头顶,缓缓精神,再慢慢戴上刚才摘下来拿在手中的头冠,整个动作一气呵成,人物情态被表现得活灵活现、惟妙惟肖。

"三尺生绡作戏台,全凭十指逞诙谐,有时明月灯窗下,一笑还从掌握来。"

皮影是一门综合性艺术,它的文学、历史、造型、雕刻、表演等,均具有较高的艺术文化价值。巴中皮影戏,是研究巴中地区民俗风情、人物传说、历史文化的重要史料，又是研究巴中地区民间工艺美术的重要参考。一方小小的幕布就是舞台，灯光穿过皮影，仿佛给了它生命，皮影演绎出的是浩瀚历史长河中一幕又一幕的隽永故事。在文化娱乐和民俗祭祀活动中，巴中皮影伴随巴中人民走过了上千年的岁月，至今仍是巴中人民特别喜欢观看的演出形式，是浩渺的巴中民俗中一颗璀璨的明珠。

体会这流传千年的古韵，静静感受巴中传统文化的精神，长久以来，秦巴儿女把对生活的感悟和愿景融入到皮影戏之中，形成了一部部屏幕佳作。肖剑锋任重而道远，他肩负的不仅仅是父亲对他成才的期待，更是巴中皮影能够传承下去的希望，用自己的匠心之技，完成巴中皮影的代代传承，让它在巴中民俗文化历史中永远流传下去。

潍坊风筝

草长莺飞二月天，拂堤杨柳醉春烟。
儿童散学归来早，忙趁东风放纸鸢。

清明时节，草木吐绿，万物生长，踢毽子、放风筝、结伴踏青……

放风筝，是中国民间传统游戏之一，清明节习俗。风筝起源于中国，至今已有两千多年的悠久历史。相传春秋战国时期，墨翟以木头制成木鸟，研制三年而成，是人类最早的风筝样式；后来鲁班用竹子改进了墨翟的风筝材质，至东汉期间，造纸术发明改进后，坊间开始以纸做风筝，故称为"纸鸢"。

潍坊，古时被称为"鸢都"，制作风筝的历史悠久，工艺精湛。目前世界上70%以上的风筝都出自潍坊，"世界风筝之乡"实至名归。潍水悠悠，蜿蜒北上，纵贯潍坊，滋润着这片大地。随着清明的到来，万物焕发生机，绿色渐渐成为天地间的主色调，这座古老的城市，又将迎来一年一度最欢乐的盛会——潍坊风筝节。

风筝发祥地

青州市,是潍坊市下辖市,是中国风筝的发祥地。《韩非子·外储说》载:"墨翟居鲁山,斫木为鹞,三年而成,蜚一日而败。"这是有史料记载的第一只风筝,也是中外风筝界公认的最早的风筝。而史书中所载之"鲁山",即如今潍坊所辖青州西南一带。

翻开史料,东汉之前,由于制作工艺复杂,风筝主要应用在军事方面,这虽与主张"兼爱""非攻"的发明者墨子的初衷相违背,但客观上却使风筝得以流传和发展;五代时期,李邺在"纸鸢"头上装上"竹笛"发出"筝"一般的响声,"风筝"一词逐渐演变为纸鸢、纸鹞等的统称;宋时,风筝已有很多种类,扎、糊、绘、放等技术已具相当水平;而潍坊风筝真正开始兴盛并走向

民间，却是在明清。

明清两代是潍坊风筝逐渐走向成熟的时期，作为历朝历代的名城重镇，放风筝已成为潍坊民间的一种节令性民俗活动。清中叶，潍坊开始出现专门从事风筝制作的民间艺人，潍县城里的风筝作坊和店铺就有30余家，清明节前后竞放风筝也成了当地的踏春风俗。据《潍县志稿》载："本邑每逢寒食，东门外，沙滩上……板桥横亘，河水初泮，桃李葩吐，杨柳烟含，凌空纸鸢，高入云端""清明，小儿女作纸鸢、秋千之戏，纸鸢其制不一，于鹤、燕、蝶、蝉各类外，兼作种种人物，无不惟妙惟肖，奇巧百出"。曾做过七年潍县县令的大诗人兼书画家郑板桥曾写过这样的诗来怀念潍县："纸花如雪满天飞，娇女秋千打四围，五色罗裙风摆动，好将蝴蝶斗春归。"把当时放风筝的风俗描写得生动活现。

晚清至民国初期，青州城里、北关、东关、南门里等地方相继出现了多家专门制作风筝的作坊，而且这些作坊通过相互竞争，使风筝的种类不断增多，扎制水平不断提高；到近代，潍县成了国内外闻名的风筝产地和市场，"风筝市在东城墙，购选游人来去忙，花样翻新招主顾，双双蝴蝶鸢成行"，风筝漂洋过海，被带到美国、日本当作艺术珍品馆藏起来。

1984年4月，首届潍坊国际风筝会拉开帷幕；1988年，潍坊被国内外风筝界选为"世界风筝都"；2006年，潍坊风筝制作技艺被列入第一批国家级非物质文化遗产。潍坊风筝走向了世界，真正达到了它的鼎盛期。

鲜明的用色和造型

在潍坊青州职工工会，我们慕名来寻找一位风筝工艺大师——杨云胜，杨老师扎了三十多年的风筝，他所在的"青州风筝队"，从第一届潍坊国际风筝会风筝比赛到今天，连续24次夺得团体总分第一名，并有26只风筝获"创新风筝"一等奖，真可谓硕果累累。

刚进入一间办公室，我们并没有找到杨老师，不过这里的师傅们也正在加班加点绘制风筝,为青州队参加今年的风筝节做准备。师傅们正在绘制的是潍坊有名的沙燕风筝,翅膀上的牡丹和胸口的荷花都有吉祥的寓意,表现着人们对美好生活的向往和憧憬,也颇具潍坊本地艺术创作特色。

在传统文化的熏陶下,中国风筝随处可见吉祥图案的影子。潍坊风筝在绘画方面,有着自身鲜明的两大特点:一个是色彩淡雅的文人国画风格,这是自近代以来形成的潍坊风筝绘画流派,它的观赏价值极高,曾多次在风筝比赛中为潍坊争得荣誉;另一个是色彩浓艳的民间传统绘画风格,龙头蜈蚣风筝即是这种传统风筝的代表作,它的色彩特点与潍坊民间的绘画有直接关系,并受到了杨家埠木版年画的影响,颜色鲜艳,大色块涂抹,对比强烈明快,远观近看皆宜。

在结构和造型上,潍坊风筝也非常严谨,讲究工整、对称和均衡。风筝的造型题材非常广泛,包括历史人物、飞禽走兽、鱼虾、文玩器物、神话传说等等,

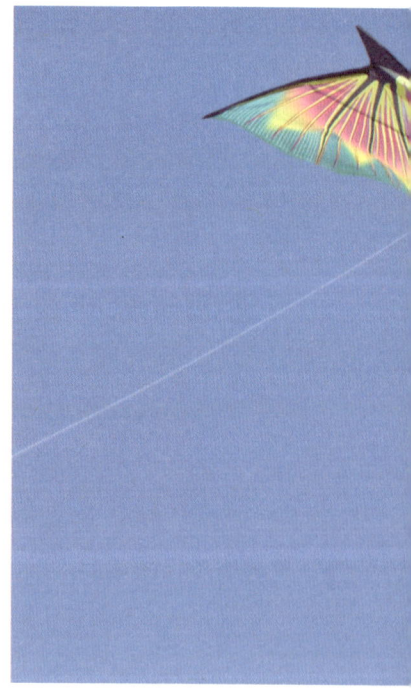

都源于自然、模拟自然。风筝艺人们根据大众的审美需求将自然景物或者动物夸张变形，形成千姿百态、丰富多变的风筝形象。例如潍坊风筝中的人物形象，其造型就借鉴和采用了木版年画中的"男性形象粗壮健美，女性形象婀娜多姿"的手法，如"黛玉葬花""麻姑献寿"，将国画工笔绘画的传统技法运用到风筝的绘制上，形成了造型优美、扎工精细、色彩艳丽的独特风格，成为中国风筝的一个重要流派。

潍坊风筝具有浓郁的地方生活气息和生动的气韵，扎制博采众家之长，过去说潍坊的风筝有"十个风筝九个蝶，九个蝴蝶九个新"的说法。人们用"鲁蝶"来概括潍坊风筝的特点，而最能代表潍坊风筝特点的当数以"蜈蚣"为特色的风筝。在2010年首届中国非物质文化遗产博览会上，全国共有622个非物质文化遗产保护项目参展，最终，以"龙头蜈蚣"为代表的潍坊风筝制作技艺获得金奖。

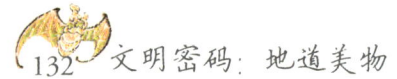

一只风筝的诞生

在另一间办公室,我们终于找到了杨云胜老师,他和几位老师傅正在赶制参加风筝节所用风筝的骨架,说到参加这次风筝节,杨老师信心满满,历届盛会上,他们青州队在团体项目上都能拔得头筹,这次一样会全力以赴。可当我们提出,非常想看一看在这次大赛上,杨老师他们扎制的那个神秘宏伟的"龙头蜈蚣"风筝时,杨老师却卖了个关子,说是一定要到比赛当天才能看到。揣着满满的好奇,我们来到杨老师家,想学习并了解一下"一只风筝的诞生史"。

制作风筝的工具其实并不复杂,都是我们日常可以见到的,有竹签、工具刀、钳子、卷尺、打火机、锥子、铅笔、酒精灯、钢尺等。首先第一步,用酒精灯把细竹签烤直,平直的竹签能够保证下一步糊的风筝平整,飞上天时受风均匀;接下来用竹签扎制风筝的骨架,"扎"的要求是要达到对称,左右吃风面积相当,骨架交错的地方用棉线捆扎固定牢。下一步就是"糊"风筝了,糊风筝的材料,要求富有弹性和韧性。以前人们糊风筝多使用棉纸和绢,现在工业技术的进步为我们提供了更多材料,一般选用质地轻、纤维分布均匀、结实耐用的无纺布纸来糊风筝,这种纸着色效果也很不错;用铅笔和钢尺确定出要糊制的形状,而糊之前就是要"绘",绘画艺术在风筝艺术中是最核心的表现,风筝美不美、放上天空醒不醒目,"绘"这一步起决定性作用,色、底、描、染、修,都有大讲究。不过以我们的水平,只能跟杨老师学习糊一个最简单的"小蝌蚪",倒也别小瞧了小蝌蚪,虽是最简单的形制,做不好照样飞不起来。杨老师说,他七八岁就开始做风筝,做的第一个风筝也是小蝌蚪,那时竹签难寻,做风筝骨架的材料是用高粱秆剥制的,虽然风筝简陋,可和小伙伴们一起放飞时,同样开心极了!

在杨老师的指导帮助下,我们手中的小蝌蚪也悠然飘向高空,风筝越飞越高,杨老师的脸上也泛起了孩子般的笑容。他说,人们过去放风筝是为放掉一年的晦气,这风筝若是一不小心落到别人家的院子里,人家可是会非常生气的,捡到这个风筝后会压在水缸底下很久,现在,时代不同了,放风筝就是放飞梦想,放飞希望。

放风筝，人们手中握着的是一条条细线，却可感受到连接幸福的力量。风筝承载着大家的一个个梦想，翱翔天际，触摸未来。

走向世界的盛会

风筝节到来的那日，杨老师和队员们一早就把准备好参赛和表演的风筝装了车，四十多人的青州风筝队，意气风发地向风筝节现场出发。

每年4月的第三个周六，潍坊风筝节会迎来世界50多个国家和地区的参赛选手，以及上万人次的游客，包括赛事、演出、展览、经贸，是一场国际化程度高、群众参与性强、活动内容多、社会影响大的综合性盛会。它不仅是山东和潍坊的一张靓丽名片，也是中国和世界交流的一场文化盛会。

我们在满是选手和参观者的比赛场地上找到了杨老师带领的青州队，那个"千呼万唤始出来"的神秘"龙头蜈蚣风筝"终于露出了庐山真面目。

潍坊风筝主要有三种基本造型：串、硬翅和简形，其中以"龙头蜈蚣"最为突出，最具特色。1986年3月，民间艺人杨同科与儿孙共同创作了长达350米的龙头蜈蚣风筝，成为第三届潍坊风筝节会场上的焦点，引起了全世界的关注，龙头蜈蚣风筝也成为潍坊风筝的象征性代表。

在中国神话中，龙是一个神采奕奕的形象；而蜈蚣在潍坊的民间传说中是龙的子孙，蜈蚣多脚，寓意着多子多孙、多福多祥。风筝取龙头为首，以蜈蚣做腰，体现了人们崇尚龙的威严、活力，祈祷神龙降福人间，以求五谷丰登、岁岁平安。龙头蜈蚣风筝造型独特、生动，精巧的扎制工艺代表着风筝的扎制手艺实现了进一步的突破，使立体串式风筝从玩具上升为更有价值的工艺品。色彩上，龙头蜈蚣风筝以纯度较高的正红色为主，体现一种喜庆的气氛；造型上，龙头以大为美，气势磅礴，极具东方气韵；就连代表蜈蚣足的羽毛亦是红色，与龙头吉祥呼应。

勤劳的潍坊艺人们怀着对美好生活的寄托和追求，以丰富的艺术想象力，将龙头和蜈蚣的躯体倏然变成一条长龙，让艺术得到升华，令人耳目一新。杨老师这件

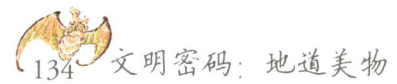

长 300 多米,重达 20 多斤的"龙头蜈蚣风筝"一登场,立时便引来周围人的赞叹,人们蜂拥而来,争相观看。不一会儿,这件比赛广场上最大、最壮观的风筝被十几人协力放飞起来,周围欢声雷动,所有人都为这精致美丽、气势磅礴的风筝所折服。

风筝,为人类最原始的飞行梦想插上翅膀;风筝,不仅具有实用价值和观赏功能,还寄托着人们美好的思想感情和向往幸福生活的强烈愿望。风筝节的放飞广场上,随着各支队伍的陆续入场,风筝节的现场也越来越火热,一时间,各式各样的风筝都飞到空中争奇斗艳,竞相飞舞。虽然大家来自世界各地,拥有不同的肤色、不同的语言,但目的只有一个,就是把自己最心爱的风筝、想要放飞的梦想展示给世人。

华夏舞龙探奇

龙，是中华民族共同敬奉最久远的图腾，是中华民族的突出符号和象征。对每一个华夏儿女来说，龙，是意志，是精神，是血肉相连的情感。中华民族有着如此强大的向心凝聚力，与我们一脉相承的民族文化这条纽带的作用是分不开的，而作为"龙的传人""龙的子孙"，龙文化是其中最铿锵有力，超越岁月时空依然鲜活喷薄的一种精神内核。

华夏龙文化，上下数千年，是崇拜的积淀和承继，是源起的凝聚和尊崇。龙已渗透到中华大地的每个角落，影响到中国社会的方方面面，深深扎根于每一位中国人的心中。在民间，在祖国各地，都留存着关于龙的深厚文化和多样丰富的呈现形式，盛大的节日、庄严的祭祀、热闹的庆典，这些场面中，往往最令人割舍不掉故恋和乡情的，就是舞龙。

龙乃中国四灵之首，是祥瑞的灵物，是可和风化雨，亦可惊涛骇浪的水中主宰，大概因为龙之于水的威力无穷，人们很自然地将其视为农作物的司雨神。"民以食为天"，谷物是人之命脉，历朝历代，农业都是立国之本，于是，某种意义上，龙的重要性超逾了宗嗣，是为天神。于是，司雨之龙被奉为庆典祭祀中的"吉物"，人们舞之蹈之，祈求风调雨顺、五谷丰登，逢有大节日、大庆典，必有舞龙助庆。

舞龙到底始自何时，已无可稽考。但舞龙传承至今，已成为中国人独具特色的传统习俗，是祈福祝祷最不可或缺的仪式，也是中国最富有民族色彩的民间艺术之一。

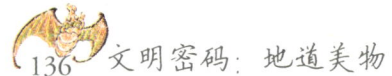

综观各地，中国南北各省，皆流行舞龙的风俗；新年春节、迎神赛会、庆典贺喜，皆少不了以金、银龙助阵，人们手持龙具，随鼓乐伴奏，通过人体的运动和姿势的变化完成龙的游穿腾跃、翻滚戏缠，组合表演出各种造型与动作，充分展示出龙的精、气、神、韵。

汝城香火龙

"水陆草木之花，可爱者甚蕃。晋陶渊明独爱菊。自李唐来，世人甚爱牡丹。予独爱莲之出淤泥而不染，濯清涟而不妖……"

位于湖南省东南部的郴州市汝城县，"毗连三省，水注三江"，这里生态优美，美景宜人，温泉水滑，是一座千年历史文化名城，有着深厚的历史文化底蕴，理学鼻祖周敦颐的《爱莲说》便出自这里。

公元前26世纪的远古时期，中华民族的始祖神农氏就是在汝城县城南5公里的耒山发明了耒耜，由此将人类从渔猎生活带入了农耕文明。耒耜始有，稼穑兴起，农耕文明的出现，使人们更加懂得敬奉自然天地、四季时令。汝城人依赖"七分稻田一分地"，祈求五谷丰登、风调雨顺，由此祀龙止雨、祀龙止水的龙文化不断衍生发展，代代传承至今。汝城温润的泉水流淌了亿万年，而这里独具特色、虔诚的"香火龙"亦舞动了上千年。

起源与原料

自殷商以来，为庆祝丰收，祈求风调雨顺、平安幸福，汝城先民们就以舞龙的方式来祝祷。至汉代，在正月十五至春龙节，即二月初二"龙抬头"这段时间，舞龙表演越发隆重，不仅使得社火更旺，也增添了闹元宵的节庆气氛，于是，舞龙的习俗便一直传承延续。而后，汝城人从生产劳动中获得灵感，依据当地寺庙、宗祠中有关龙的壁画和雕塑，结合当地所产的稻草、翠竹和特制的龙香，运用当地传统的扎制工艺，发明了造型威武、气宇轩昂的"香火龙"。至明代，经过几百年的沿袭、继承和发展，舞香火龙已成为一种造型威武、结构精美、技艺精湛、形态逼真、表演壮观、富有浪漫色彩的大型民间综合艺术活动。2008年，"汝城香火龙"被列入国家级非物质文化遗产名录。

舞"香火龙"的仪式，在每年正月的元宵节前后夜间举行，在这之前，汝城人于正月的祭祀活动结束后，就开始为即将到来的舞龙表演做准备了。

锦绣潇湘，处处孕育着美丽和神奇。汝城，还有一个别称——"中国古祠堂之乡"。每置身古民居村落中，最醒目漂亮的那座大宅，毫无疑问就是祠堂，而扎制香火龙的地点，就在宗祠祠堂。

李浩龙大爷，是李氏宗祠每年祭祀的主持者，祭祀仪式过后，李氏族人的老老少少就要为香火龙表演做准备。香火龙的制作材料以当地所产的稻草、棕叶、竹片、竹竿及特制龙香为主，所用的扎制工艺，祖辈世代相传，口耳相授。

枯黄柔软的稻草是扎龙的主要原料，拿起一把稻草挤压编紧，再用细绳捆紧，这样反复操作直到把其扎为一节一节，才做出长数百米，直径四五厘米的"赵公鞭"。赵公鞭就是做草龙的基础材料，全村老少爷们齐上阵，几天的工夫，一千多斤的稻草变为了累计3000多米长的"赵公鞭"，李氏祠堂里累加在一起的草绳鞭直到房顶，蔚为壮观。

设计与制作

从赵公鞭到稻草龙，关键还需用"竹子"造型、固定。

先将五六十根碗口粗的青竹削成细细的竹签,削好的竹签是串联赵公鞭的工具。细细的竹签,要用锤子用力敲打才能穿过紧实的赵公鞭,随后,按照设计分节依次扎成龙头、龙颈、龙身、龙尾,再在规定位置扎上龙足、龙爪和龙脊。整条龙身长30余米,每米数根竹签垂直插进赵公鞭,再用竹板固定。竹签随着赵公鞭的曲线变化而变化,这些工作没有图纸,没有数字记载,全凭祖辈代代相传的经验。

如果说龙身是平面的编织,那么龙头就是立体的塑形。

龙头结构复杂精美,先生角,次生嘴,依次是龙须、龙眼、龙耳、龙牙、龙鼻、鼻须、龙额、龙珠,环环紧扣,形成整体。专业的老篾工师傅将一根长4.5米的竹子从中间一劈两半,用稻草和麻绳将竹身包裹严实,用来制作龙头。做龙头的师傅用的都是家传手艺,经验丰富,靠纯手工完成,在稻草、竹片、麻绳的摩擦中,满是老茧的手底下,将会诞生出令人惊叹的民间艺术品。每年扎制草龙都是族里的大事,年长一辈带着年轻人,既是分工协作,更是传承交流,汝城人的精神、风俗就

这样一辈辈承继至今。

准备"龙香"的环节也非常有讲究。

人们把半米多长、尾巴尖尖的龙香一把一把捆成碗口粗细，点燃后，却将其迅速倒转过来埋在稻草灰里使其熄灭，这种操作很令人惊奇，按照这种做法，要准备4万多根香，才能插满扎制好的草龙。待一切准备就绪后，终于到了插龙香的环节，须沿水平方向于龙身两侧插龙香，每隔2厘米左右插一支龙香于"赵公鞭"的草节之间，间隔均匀、高度一致，为了固定香的位置，要在香之间用细篾片连接形成连线。4万根香密密匝匝地插遍龙的全身，这个工序需要40个人用5天的时间来完成，当天完全黑下来，现在这条龙终于血肉丰满，是一条十分壮美、活生生的香火龙了！

香插得好不好，直接影响香火龙最后展现的姿态，从扎稻草、塑龙形到插香火，汝城香火龙每个环节的制作都是细致活。对于年年做草龙的李氏宗族人来说，龙的形象早已烂熟于心。从采集稻草、竹片到现在制作完成一条栩栩如生的龙已经过去了十多天，几十位族人的共同努力让一千斤稻草变成了32米长的草龙，插好龙香后，在祖祠前将每一节构件用竹竿绳索连接好，装上抬杆，煞是华丽壮美。

夜空下"香火永旺"

终于等到舞龙的夜晚来临，一百多位青壮年头顶草帽，身穿防火衣一齐上阵，用火把小心点燃草龙身上4万多根香，星星点点的光亮将龙身全部勾勒出来，这就是湖南汝城最有名的香火龙！

香火龙点燃的时候，便是整个汝城的喜庆之日。应邀前来观龙的四邻八乡的亲友，成群结队从各家各户赶来，锣鼓喧天，鞭炮齐鸣，香全部点燃以后，龙，舞起来了！用香火扎制的火球和鲤鱼开始表演，香火龙在上百位壮小伙的肩上舞动起来，远远望去光华璀璨、红光闪闪，龙身蜿蜒起伏，曲线柔美，龙尾如雀屏微张，迤逦婉转；到处一片瑞霭祥烟，场面极度壮观热烈，现场的人们群情激动，争相观看，热闹异常。

火树银花不夜天，星星点点鱼龙舞！

先绕宗祠大门旋转三周，一旋一拜，三拜后沿村内主道和村边游走。黑夜中，唯见长长的巨龙腾舞前行，仿如浮于寰宇，瑰丽无比；特别是行走在水田边，天幕黝黑，香火龙将万点火光倒映水中，倒影成双，恰似双龙嬉戏，依恋相绕，既雄壮，又轻盈，阵阵香烟随风飘动，整条香火龙就像在腾云驾雾；再加上阵阵唢呐、声声锣鼓，倍添意趣。

　　长龙一路向前，每到商家、住户门前，沿街的人家要燃放爆竹"接龙迎福"，香火龙也抖抖龙头，甩甩尾巴，以示回应；按规定的路线舞过后，又回到祖祠前，龙首居中，盘成三圈，此时，又一番热烈的场面出现了，只见村民们如潮水般涌向火龙，争相拔取上面的龙香，"扯龙香"是为了将香供奉在自家神龛或畜栏门边，祈求家庭安泰、五谷丰登、六畜兴旺，日子越过越好；龙香扯去后的草龙骨架，人们也会依惯例点燃，告知大家龙已上天，谓之"化龙"；第二日清晨，将焚化后的龙灰倒入河流之中，是为"送龙"，寓"龙归大海"之意。

《汝城县志》载："汝民耐劳，无他娱乐，演剧为社会唯一有兴趣事，其关于团体者，则迎神忏仙，宴谱招龙之属，莫不演剧，累日浃旬，远近聚观……"

据民间传说，在唐高宗弘道年间（683年），汝城洪水泛滥，民不聊生。老百姓采纳了当地一位风水先生"以火龙降水患"的建议，用稻草扎制成12条草龙，对着滔滔洪水烧化，终于将洪水降伏，而制稻草龙便成为习俗沿袭下来，成了一种民间娱乐活动。千百年来，汝城人民以村为单位，每年新春佳节之际都举办舞龙的盛会，各村都有一整套的器具、锣鼓点子和唢呐牌子，各具特色、丰富多彩。香火龙在汝城民间穿梭游行，人们舞龙庆贺丰收，祈求风调雨顺、五谷丰登。

多姿多彩的香火龙文化，是汝城客家文化的一种见证，是当地民族融合的象征，是社会凝聚力的表现，它促进了汝城经济的发展，在汝城人民粗糙但精巧的手中，香火龙气势威猛、香火明丽，会代代传承下去。

绥宁稻草龙

苗酒飘香，苗鼓震响，苗歌悠扬。每年农历的四月初八，湖南邵阳绥宁县的苗家都要过"姑娘节"，这是苗族迎接嫁出去的姑娘回家的节日，这一重要节日相传是为纪念古代苗族女英雄杨金花而设立的。这一天，身着节日盛装的苗族同胞聚集在一起，喝烧米酒、吃黑米饭、吹木叶、听苗笛，多情的苗族年轻男女们对山歌、玩游戏，谈情说爱，载歌载舞。

姑娘节，姑娘们来舞龙

而在姑娘节前一天，绥宁枫木团乡的姑娘们要舞龙！

女子舞龙队？这在全国也比较罕见，而苗家姑娘们所要舞的又是什么样的龙呢？

位于湖南省西南部的绥宁县，自古以来便是苗、侗、瑶、壮多民族聚居之地，清修《绥宁县志》中就有记载："绥极楚边，苗瑶杂处。"这里山清水秀、民风淳朴，勤劳智慧的各族人民以其悠久的历史，创造出了绚丽多彩的民族文化，其中，传统

民间龙舞"稻草龙",是国家级非物质文化遗产"四八姑娘节"中重要的活动内容。

原来姑娘们所舞的正是绥宁历史悠久的"稻草龙",用布料和竹条等制作的龙比较常见,而用稻草扎的稻草龙却不多见。我们跟随舞龙队的杨大姐来到她的家中,在这里,村里的两位老师傅正在扎制稻草龙,其中一位51岁的老师傅是村里稻草龙制作的第30代传承人,两位老师傅都是经验丰富的行家,相互配合协作,双手上下翻飞,一人手握草把,一人束草为绳,龙头部分很快初见雏形。

绥宁"稻草龙"的造型古朴独特、制作讲究,扎制的材料选用的都是当地上好的稻草茎。草龙分为雌雄双龙,编制时龙头上半部分和下半部分分开编制,使龙嘴呈张开状,龙头高昂,造型威武,伸出的龙舌、前突的眼睛、后伸的双角,以及摇曳飘垂的龙须都十分逼真,连龙牙的凌厉感都表现得非常生动;每条龙长十几米,龙头、龙身、龙尾连起来共分9节,每节龙都由一人操作,节与节之间由草辫缠绕捆扎、连接起来。草龙的每部分用9根前段分叉的长竹棍牢牢支撑龙身,在绥宁当地,9为吉祥之数,代表着天长地久、万事胜意。

稻草龙结构复杂精美，精致的编织工艺让龙看起来活灵活现、栩栩如生，从龙头到龙尾，制作独具匠心、浑然天成。雌雄双龙分男女两队，由九个年轻的小伙子舞雄龙，九个姑娘舞雌龙。队员们身着统一的盛装，洗净双手，内心虔诚，精神焕发，表达对龙神的敬意。

稻田间的舞龙仪式

队员们整装待发，准备向舞龙地点进发，而在舞龙队伍里，很奇怪的是竟然有三个戴着面具、身着戏服一般衣饰的人，他们怎么会出现在舞龙队伍里？又是做什么的呢？

原来在绥宁，舞"稻草龙"已有几百年的历史。当地流传有这样一个传说：清康熙年间，绥宁突发蝗灾，人们心急如焚，无计可施，眼看辛苦劳作的稻田就要被害虫祸害殆尽，这时突然刮起一阵大风，吹得稻草纷纷扬扬，好似一条条黄龙般向蝗虫席卷而来，草龙的神威吓得蝗虫逃之夭夭，从此，扎制稻草龙驱虫祈福的习俗便在当地沿袭下来。

随着时间的变迁，舞"稻草龙"的形式也在生产活动中不断被改造，内容不断得以充实。在绥宁，出嫁的苗家女性都被称为"姑娘"，每年农历四月初八"姑娘节"这一天，回乡的"姑娘"们都会聚集在一起举行舞稻草龙、祭祀祈福的盛会。舞稻草龙的目的，一来当地人相信稻草龙能够驱除虫害，祈求来年风调雨顺、五谷丰登；二来就是让回娘家的姑娘把美好的祝福带回婆家。

而舞稻草龙的最终场所，不是广场之类的开阔地，而是人们每日辛勤劳作的田间地头。在舞龙前，人们摆上香案、拜祭三牲，先要举行一个庄重的请龙仪式，炮仗队、锣鼓乐队、舞龙队、掌堂师、"土地公公"、"土地婆婆"，以及全村男女老少，人们均着节日盛装，依次列队沿村内主道及村旁稻田边游走，浩浩荡荡，场面热闹非凡。而之前那三个戴面具、着傩戏服装的人扮演的正是土地公公和两位土地婆婆，扮演者所戴的表情夸张诙谐的竹面具，已有几百年的历史了。

舞龙结束后，还要举行一个"化龙仪式"。苗乡"稻草龙"寄托了当地苗族人民对美好生活的愿望，当人们把稻草龙送到河边焚烧"化龙"时，耗费了人们巨大精力制作的稻草龙虽然被烧掉了，但是当地人认为飞龙升天的同时也会带走他们美好的祝愿。

"稻草龙"是绥宁民俗文化的典型代表，绥宁农耕百姓驱虫的祀龙习俗别具一格，富有古朴浓郁的地方特色，是湘西南苗疆文化的重要组成部分。

整个过程包含舞蹈、音乐、宗教信仰等各种成分，集祭祀、表演和观赏性于一体，它生动地体现了绥宁苗族人民特有的民族文化、宗教信仰和风俗习惯，展现了苗族人民的聪慧和才智，是研究苗族文明的活化石。

城步吊龙舞

农历三月三，春回大地，山歌飞扬，每当这时，在湖南邵阳城步县丹口镇，苗族儿女都要庆祝狂欢，祈求一年风调雨顺。这是苗族仅次于春节的重要节日，这一日，苗家人迎祭生育神、沐浴祓禊，男女青年谈情说爱，踏春嬉戏，对唱山歌。而在丹口镇，据说村民们要进行一场堪称"世界之最"的大型表演，这场表演到底是什么呢？

世界最长的吊龙

城步县历史悠久，文化底蕴厚重。早在四千多年前，就有勤劳智慧的苗侗先民在此繁衍生息，古朴神秘的巫傩文化和苗风苗俗一脉相承，衍生了绚丽多彩的少数民族文化，吸引着众多民族文化爱好者、专家与游客慕名而来此。城步苗族人民自古崇尚舞龙文化，把龙作为苗族的图腾之一，把"龙神"崇拜为万物之灵，认为有"龙神"庇护会风调雨顺、五谷丰登、六畜兴旺、村寨平安。

在丹口镇一处稻田开阔处，十几位大哥大嫂手拿长长的竹竿，竹竿高高的顶端挑着看起来分量不轻的沙袋，大家或围拢或旋转，有节奏地舞动手中竹竿挑着的沙袋，这是在干什么啊？为了解开疑惑，我们跟随其中一位大姐来到她的家中，只见大姐拿出两盏像是灯笼一样的东西，而灯笼上描绘的金银纹路却很像是鱼鳞的样子，这又到底作何而用呢？跟随换上盛装的大姐，拿着鱼鳞纹灯笼，我们又回到村里的广场上，那些刚才都举着沙袋运动的大哥大姐也一样换上了盛装，手中拎着灯笼聚拢而来，随着时间的推移，分散于各家手中的灯笼被慢慢连成了整体，两条长度惊人的雌雄双龙出现在了我们眼前。

跟普通的龙不同，城步的龙不是用竹竿顶起，而是像灯笼一样高高吊起，因此叫做吊龙。城步苗族同胞千百年来尊龙、敬龙、爱龙，将龙作为图腾，于是独创了用长短不一的撑杆撑吊起彩龙的不同部位这一古老而又智慧的舞龙方式，在运动中塑造巨龙不同的姿态和动势，宛如飞龙在天，亦称飞龙。

城步苗族每逢喜庆佳节都由村寨组织舞龙活动，以龙舞迎神消灾，驱邪恶而祈平安。城步吊龙在取材、扎制、造型、舞蹈、音乐等方面，具有鲜明的民族特色，

既通俗又高雅，细腻而大方，风格独特。2011年，"城步吊龙舞"被列入国家级非物质文化遗产名录；2011年，在城步丹口镇，15位吊龙舞表演者，在城步吊龙国家级非物质文化遗产传承人丁志凡的指挥下，舞动着一条38.8米长的城步吊龙，随后经上海大世界吉尼斯总部现场测量，这条吊龙成功申报"世界最长吊龙"，编入了上海大世界吉尼斯中国之最的史册。

与众不同的吊龙

中国人对龙的崇拜自古有之，为了祈福，从天南到海北，敬龙、拜龙、舞龙的方式多种多样。这种吊龙舞动时，竹竿举起最高可达7米，这样的高度对底下支撑龙身的表演者来说，是巨大的挑战。这些表演的村民，平日里习惯于耕田种植的朴实劳作，但舞起吊龙来却是威猛有力、虎虎生风。"城步吊龙"是雌雄双龙，分别由男女两队队员撑杆舞动。舞龙时，男子队一条金龙飞翻腾跃，十二节龙身被长短不一的撑杆高高吊起；女子队舞动的一条青龙与金龙交相呼应，互为嬉戏，互为盘旋，又相互致敬。女队队员们脚步速度、两臂力量一点都不比男队队员差，无论是单龙快速飞舞，还是双龙缠绕穿插，她们都把吊龙舞出了龙的精、气、神。

"世界之最的吊龙"，是苗族儿女对龙神最高的敬意。巨龙虽长，不过这还不是最叫绝的，能够高举并且舞动这世界上独一无二的吊龙才是真正的中国之最。夜幕降临，三月三的庆祝活动即将开始，伴随着节奏欢快的鼓点，村民们舞动巨龙，做出不同姿态的造型——"横空出世""奋勇腾飞""双龙抢宝""盘缠养息"……黑暗中，舞龙的人已消失不见，唯有明亮如火的雌雄双龙，自由翱翔，宛如腾空九霄。这时我们才真正了解到白天那些看似粗糙简单的训练及其背后的真正含义：舞龙队员眼观巨龙，人随龙走，二龙嬉戏，却不会碰撞，底下舞龙的师傅们也不会相撞绊倒。这群朴实的农民艺术家，在一起合作舞龙已逾二十年，整个舞龙表演的过程中，他们协力同心，步调一致，配合默契，自然融为一体。而舞龙表演让观摩者赞不绝口，给人以观赏性和启发性，寓意深刻，是一朵独特的民族艺术奇葩，也是中华民族的文化瑰宝，成为一种凝聚力的艺术再现。

城步吊龙，祖传遗风，是综合手工艺术、光学、表演、音乐等多种形式为一体

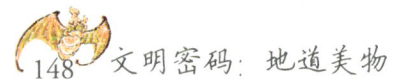

的古老艺术，在苗乡已经有一千多年的历史，12节龙身寓意苗乡儿女一年12个月，日日平安吉祥。在上下飞舞、流光溢彩中，苗乡儿女将对自然的崇拜以及对美好生活的希冀尽兴挥洒。吊龙之舞，已走出了城步苗乡，走出了湖南，走向全国，以崭新的面貌走向更广阔的大舞台。

全旺板凳龙

每逢农历新春佳节，祖国大地到处洋溢着欢乐和喜庆，全国各地的人们以各种各样的方式表达着自己的喜悦和幸福，而场面最热闹的，莫过于舞龙和舞狮。

中国民间崇龙、尊龙、爱龙的习俗源远流长、形式多样。浙江省衢州市全旺镇，在长期的文化积淀中，形成了自己独特的风格，这里代代传承着一种绝技——板凳龙。

板凳龙的起源与传说

自唐朝始，"龙腾灯舞闹元宵"便成了浙江民间的习俗，被人们称为"灯节"。全旺板凳龙盛行于江浙一带的乡村，广泛流传于江南及沿海各地。综观板凳龙的传承发展，唐代为其孕育期，宋、元为其成熟期，明、清为其鼎盛期；新中国成立后，尤其是改革开放以来，全旺板凳龙的弘扬传承进入了新发展期。

自古"龙"在人们心中是吉祥、降福的象征，人们舞"板凳龙"是为赶鬼驱邪，保佑人畜兴旺，祈祷国泰民安。关于板凳龙的由来，还有一段动人的传说：相传在很久以前，这片土地遭遇大旱，东海的一条水龙体恤人间疾苦，不顾天规跃出水面，为久旱的人们下了一场大雨。但水龙由于违反了天条，被剁成一段一段，撒向人间。人们感恩水龙，便把龙体放在板凳上，一节一节连接起来，称之为"板凳龙"，人们不分昼夜地奔走相告，希望它能活下来，舞"板凳龙"的习俗也由此产生。

板凳龙前为龙头，后接桥灯，都以竹篾为骨、棉纸为皮，扎在灯板上，灯板与灯板相连，形如长桥，所以叫桥灯。以前的灯板就是百姓家中的板凳，一物两用，所以民间称之为"板凳龙"。浙江多地每逢春节、元宵节都有舞板凳龙的习俗，人们通过舞龙迎灯，祈求风调雨顺、五谷丰登，舞板凳龙是当地最具特色的民俗艺术。

板凳龙的精巧制作

板凳龙制作精细,气势雄伟,别具一格。它以木板、竹片、白纸和各类花纸作为制作材料,以竹篾做成龙头、龙身、龙尾的骨架,然后糊上透光白纸和彩纸,饰以龙须、龙眼、龙眉、龙角、龙珠,再画上龙鳞、龙鳍和彩云等花纹图案。龙头下颌垂有长须,还挂有一颗殷红的龙珠,而龙尾背上有鬃,高低起伏。人们在板凳龙各节内都装了灯座,夜里点上蜡烛,远望是鳞,近观是画,板凳龙通体发光,显得分外漂亮。

板凳龙的制作技艺是靠浙江一带的村民口耳相授、代代相传的,制作龙身时,众人动手,各显神通,根据自愿,一家一段或数段,无固定要求。

黄基康大叔是全旺板凳龙的传承人,黄大叔说,每年舞板凳龙之前,点灯是最重要的仪式。传说，要唤醒巨龙，必须要用虔诚的心点燃红烛，以便在漆黑的夜里能够让人们看到巨龙的雄姿。点灯最关键的部位是龙头，板凳龙龙头巨大，高有八尺至丈余，点燃的红烛，需要将其固定在龙头内，使其不会掉落烧着龙头的布料；点亮蜡烛的龙头，仿如巨龙睁开了眼睛，明亮而熠熠生辉。

板凳龙的每节龙身上都插着红旗、百花，灯板上龙身的设置造型在各地域间也有所不同，有方灯、酒坛灯、字灯等十一种不同的形态，一条全旺板凳龙几乎就是一个艺术综合体，它集书法、绘画、剪纸、刻花、雕塑艺术和扎制编糊工艺为一体，体现着劳动人民的无穷智慧。他们使用自己家里平时普通的用具，就能够制作出这样一条气势雄伟的巨龙，真是令人叹服。

板凳龙的精彩表演

夜晚来临，板凳龙蓄势待发，舞动前最重要的步骤就是"点睛"。所谓画龙点睛，只有点睛后的巨龙才能乘风而起，腾云驾雾，直冲云霄。

由108桥板凳连接成一条长龙，长龙由108人举起舞动，蜿蜒数百米的巨龙在小巷中穿梭，缓缓而行，舞龙队伍必经田地集中之处，预示祥龙普降甘霖、风调雨顺；沿途参拜祠堂庙宇，祈求神佛庇佑，再穿行村庄街道，与民同乐。届时，各家各户摆起香案，俗称"做尊"，鞭炮齐鸣，夹道相迎，虔诚接龙。做尊的村户要付"纸包钿"或蜡烛，龙队即在龙头上取下燃着的一对蜡烛，送给做尊户，以示神明保佑这户人家新年吉祥、多福多寿。

对舞龙的师傅们来说，这一天是场考验，控制并舞动龙身必须有足够的体力，而重达30千克的龙头的舞动需要由几人交替完成。而当地的男子们认为，能参与舞龙是很荣幸的事，无论花甲老者还是弱冠青年都愿参与进来。

按指定路线，舞龙的队伍每到一个大村要进行"盘龙"，选择能容纳整条龙盘旋的广场开阔地，或是较大的稻田，俗语说"龙踩脚，一年三年麦"，意为被龙踩过的田地当年就会获得大丰收。舞龙队径直在稻田内行走，做翻滚、腾挪、抢珠、赛跑等表演，盘龙时，鼓乐鞭炮齐鸣，龙头领先，龙身龙尾呈圆形盘旋，顺时针3圈，逆时针3圈，盘旋速度紧随鼓乐由缓而急，近看似火龙翻腾，远望如满天流星。

从龙头到龙尾，108人共同合作，齐心协力，才让这条东方巨龙腾空而起；伴随着锣鼓声、鞭炮声，百米巨龙在烛光映照下逶迤而行。板凳龙以其独有的结构形成其独有的魅力，融体育、杂技、舞蹈为一炉，气势宏大，场面恢宏；游动起来的龙舞兼有粗犷、细腻、奔放、严整的风格，通过这种热情与哲理、娱乐教化合一的舞蹈，人们得到了感官和心灵的双重满足。

浙江全旺板凳龙由特制的板凳条、自制的灯笼和艳丽的花束打扮而成，是地道的百姓文化，它将舞龙与灯会结合，让人们充分感受到民间舞蹈刚强柔美兼具的特征，其参加人数之多、活动场地之大，在同类形式中实属罕见，蔚为壮观。

在这种热烈的氛围中，我们感受到当地娱己娱人的生活习俗，领悟到独具地方特色的敬天顺人的民众信仰。盛世龙腾，耀我华夏。

安吉竹叶龙

昆铜乡上舍村位于浙江省安吉县境内东部，地处天目山脉在安吉境内的东枝末梢，全年平均气温15℃左右，属亚热带季风气候，竹资源丰富，堪称"百竹之乡"。境内山峦重叠，森林茂密，修竹翠绿，风景宜人。历史上，昆铜因其优美的自然环境、淳朴的民风和香醇的梓坊茶叶而吸引了众多的文人墨客，积淀了深厚的文化底蕴。

起源与制作

竹叶龙，始创于安吉县昆铜乡上舍村的汉族传统舞蹈，以竹、纸为材料创作而成，历史悠久，是享誉中外的汉族民俗文化艺术表演。而据《安吉县志》记载，昆铜的竹叶龙历经风雨洗礼，已经有100多年历史了。竹叶龙最早出现于清朝光绪九年，由上舍民间艺人杨九龄与其哥哥杨茂青、杨红寿三人，在"化龙灯"的基础上，以竹、纸为材料创作而成。后来，昆铜乡的民间手工艺人利用得天独厚的资源优势，根据当地的特色，经过不断的改进和演化，将竹资源与舞龙文化相结合，竹叶龙才在民间的口口相传与百姓的智慧启迪里，逐渐成为当地过年之时，村民为了祈求风调雨顺、五谷丰登而必演的一个传统节目，进而演变成了当地独具魅力的舞龙文化。

这条全身碧绿的长龙并非是一条整龙，而是由 12 盏花灯衔接而成：龙珠灯一盏，龙头灯一盏，龙身灯九盏和龙尾灯一盏，全长 19.2 米，均由竹子制成；而实际上，每个组成部分单拿出来看，都是一盏独立的灯：龙珠为竹叶宝石灯，边为叶绿色，珠为红色；龙头倒转翻为花篮灯，龙角为茁壮的笋芽；龙身则为绿色竹笋灯，而龙尾则是一盏褐色的大毛竹笋灯。

竹叶龙的龙骨由竹丝扎成，龙衣为叶状小片，每节 27—30 片，外胶布料，涂竹叶色。竹叶龙的制作选材体现了浓郁的地方文化特色，制作所用的原材料均是当地大量种植的经济作物毛竹，取其杆、皮、叶、鞭等部位，制成龙头、龙身、龙骨、龙尾、龙鳞、龙须等等；竹叶龙沿袭了鼻祖化龙灯的特点，整条竹叶龙由一盏盏竹主题的"花灯"相接而成，相连时，是一条绿意盎然的竹叶龙，分开时，则可独自成为竹笋灯，可分可合，可伸可缩，正是其最大的奇妙之处。

动则变，变则化

"动则变，变则化"，竹叶龙的奇妙与惊喜就在于"变幻"。

由九盏竹笋灯、一盏龙珠灯、一盏龙头灯、一盏龙尾灯组合成的竹叶龙，一般由 12 个人舞动，出场的时候，并没有龙，而是一根根的竹笋灯，等到前半场舞蹈结束后音乐陡转，一根根笋"变身"成龙身，连起来就是一条完整的竹叶龙；表演中时而翠竹摇摆，时而竹龙翻滚，给观众造成瞬间竹笋瞬间龙的景象，有龙腾竹海之气势，整个节目跌宕起伏，视觉艺术效果非常好。

经过几代艺人的不

断改进和创新，在"变"字上下功夫，用布、竹代替了原来的纸、竹；制作材料的改进，使得竹叶龙的表演形式不仅仅局限于走阵势，其龙舞的形式更加丰富，龙舞的造型不断增加。现在的竹叶龙表演主要包括两部分，分化龙前和化龙后：化龙前，表演以摆阵势为主，主要有翠竹交映、山姑献笋、笋灯绕竹、竹海成龙、竹龙戏珠、龙拜四方等6个阵势；而化龙后的演出以舞龙为主，此时的表演阵势以及舞龙形式极为丰富，包括滚竹龙、慢罗龙、跳龙身、跳龙珠、罗汉龙、跪地龙、跳竹节、躺地龙等8种舞龙形态，以其中"罗汉龙"为例，队员们在表演的过程中双人交叠，一人上一人下，手举龙身，高空盘旋，从而呈现出震撼的效果。

竹影多姿，竹龙翻飞，多种高难度的舞龙形态构成一出精妙生动、变化无穷的精彩表演。

据昆铜上舍竹叶龙的传承者胡启华老人说，"在安吉县，舞龙庆贺常常要到百姓的家户中去表演，老百姓舞的龙有好几种，其中竹叶龙是最讨小孩子喜欢的。因为一般的龙头看起来都比较威武狰狞，小孩子会害怕，而竹叶龙是条文龙，看起来笑嘻嘻的，圆润可爱，小孩子见了都很喜欢。"

竹叶龙通过家族式的传承方式，代代相传，至杨榴芳老人这一代，打破"不传外姓人"的规矩，传承人胡启华、朱承高便是师承杨榴芳老人，竹叶龙也随之发扬光大，走出深山，直面世人。

2008年，受北京奥运会组委会邀请，竹叶龙分别在北京天安门广场和奥运广场上向全世界来宾展示了极具东方特色的表演。2009年，竹叶龙又舞到了法国，赴法国巴黎参加第37届法国和平艺术节，进行了为期一个月的表演，知名度大增；同年，中央电视台国际频道《同乐五洲》栏目曾录制专辑向全球播放这一舞龙表演；2010年的上海世博会和2016年的香港国际文化艺术交流大赛，都有竹叶龙翻腾的雄姿。到目前为止，竹叶龙在世界及国家级的舞台上已表演了20余次，其发扬已达到了前所未有的高度。

竹叶龙是浙江民间传统文化的一笔宝贵财富，是省级"非遗"项目，如今昆铜乡上舍村还申报了"竹叶龙"知识产权，注册了"竹叶龙"商标，保护"竹叶龙"

这一地域文化品牌。竹叶龙承前启后，发展还有很大的空间，新时代，这个项目将会走得更远，在更广阔的世界舞台上向更多人诠释中国龙文化。

上舍化龙灯

浙江省安吉县，位于长三角腹地，地处天目山北麓、南太湖上游，建县于公元185年，至今已有1800多年的历史，汉灵帝赐名"安吉"，取《诗经》"安且吉兮"之意。

"川原五十里，修竹半其间。"

安吉依山傍水、风景宜人，竹连山，山连竹，满目苍翠，"竹"闻天下，素有"中国竹乡"的美誉。安吉不仅是竹子的博物馆，同样也是一片文化热土，这里诞生过海派画家的创始人吴昌硕，也孕育了中国非遗项目——安吉上舍"化龙灯"。

发源和历史沿革

位于安吉县东北的梅溪镇上舍村，村里有朱、章、杨三大姓氏，这里是"化龙灯"的发源地。

每年除夕，梅溪镇上舍村都分外喜庆，大红灯笼高高挂起，火红窗花形态各异，古村延续200多年的习俗"化龙灯"就要上演，全村男女老少齐上阵，舞龙，看龙，共闹新春。

上舍村里有个传说，六七百年前，当时的先人们行经此地，看到昆溪水蜿蜒而过犹如龙盘，便觉得此处是难得的风水宝地，遂在此建了村，又开辟了九条九曲道路连接全村。"九"乃阳数，亦似龙形。村民们对龙的喜爱和敬仰自此开始。

据《安吉县志》记载，清朝乾隆至嘉庆年间，浙江省安吉县昆铜乡上舍村朱姓民间艺人依据当地特色，以竹、纸制作花灯进行表演，用于当时民间闹春及"出会"（当地各大庙宇的菩萨生日聚会或庆贺）。后来，杨氏祖先在朱氏灯形的基础上，以花灯串龙形，扎龙头、龙尾，龙头为花篮形，龙尾为鹚形，龙珠是一只蚌灯。初为童戏，后渐定型，称"花龙灯"。那时在安吉的梅溪和长兴一带，上舍的龙灯表演已经颇为出名。

到清朝道光年间，上舍村传奇人物，民间艺人杨九龄对"花龙灯"的道具在工艺上进行了改革，又配扎了12盏花瓶灯、两只头牌灯，舞蹈在"变"字上下功夫，使每一种花灯都具有两种形象，表演时由花灯化为龙形，并改名"化龙灯"，这一表演遂精绝当时，声名远扬。

组成与制作

"古树荫下花灯起，化龙成舞拜门来。"

200多年后的今天，上舍化龙灯在民间仍保持着闹春时"进门是花灯，出门是龙灯"的民俗特色。春节是上舍村最热闹的时候，上舍村化龙灯会挨家挨户"拜门"，它时而穿梭在民宅小巷中，时而旋腾在大厅天井里的狭窄空间里，舞龙与村民互动紧密，让每一户村民感受到化龙灯的美好祝福。

化龙灯由五种花灯组成，荷花灯取"和"的谐音，聚宝盆灯代表着"禄"，蝙蝠灯象征着福气，寿桃灯代表着长寿，而12盏花瓶灯则象征着一年的12个月份，合在一起就是"福禄和合，益寿延年"的美好寓意。

"化龙灯"最大特点在于它的"四变"，即聚宝盆变龙头，寿桃灯变龙珠，蝙蝠灯变为龙尾，九盏荷花灯变为龙身；同时配扎的12盏花瓶灯分插12个月的不同花卉，每盏花瓶灯可一分为二，反面绘制云彩为"花灯化龙"时做掩护遮挡之用；另扎两只头牌灯，前部用纸糊成栅格状，从正面、左面、右面看去为三种不同花卉。

制作化龙灯的手艺是一代代口口相传的，扎制这种匠心独运的艺术品，竹篾非常关键。竹篾即为"龙"骨，选竹竿、剖青竹、劈竹篾，每根的厚度要在1毫米左右，要求既容易弯曲，又不会断裂。

荷花灯要做9盏，两根竹篾"搭"好角度，棉纸用手指捻成细绳，在交叉处缠上几圈，打好结，扎紧；扎出的荷花架子，刷上糨糊，糊上白色宣纸；再用毛笔绘色，花心是由浓渐淡的绿，花瓣是深深浅浅的红。荷灯潋滟，如有荷风送香。

制作聚宝盆龙头是最难的，一般只能由传承人亲自动手。选一根上好的竹竿做龙杆，最好是两年生的竹子，硬而不脆、韧而不柔，竹竿上端劈一个"十"字，分出四个叉,扯一根竹篾套住。再从龙嘴开始,一点点编织出龙头的形状,龙头要微微上扬,威风凛凛。龙骨做好,还要装蜡烛、糊纸、上色、点缀,最后待传承人手持毛笔点睛之后,"龙"目圆睁,此灯始成。

精妙的变化

化龙灯的"四变"在当时的浙江舞龙家族为独一无二,堪称一绝,已成为安吉地方标志性文化,是安吉最具特色的龙灯舞之一。

化龙灯并不是在平地开阔处上演,而是挨家串户为每家送去祝愿。随着锣鼓的节奏,身着彩衣的姑娘举着头牌灯,袅袅走上曲曲折折的山路,12盏花瓶灯、1盏寿桃灯、1盏聚宝盆灯、9盏荷花灯、1盏蝙蝠灯结成浩浩荡荡的长队紧随其后。来到一户人家,主人早早地便敞开了大门迎接。表演时锣鼓伴奏,聚宝盆、寿桃、

蝙蝠、9盏花灯由男性表演，12位姑娘手拿花瓶灯在旁助演，进门后在正堂绕廊柱走四角阵、剪刀阵、元宝阵、篱笆阵等阵形，互相穿插，脚步不乱，阵形不断变换。最后到"退堂"接龙，没有退堂的则在花瓶反转的"云彩"遮挡下"变"龙，至正堂再拜主人。

花灯在舞动间化成了一条具有强烈生命力的彩龙，随着"龙珠"的高低变换，"彩龙"也在云彩间若隐若现。出了这户宅门，龙灯便又散成花灯，串成串，踏上村庄里的路，去往下一户人家。

据记载，按照传统，舞龙队拜门时，遇有"读书郎倌"的人家，进门要"跨砚"，向读书郎"敬笔"，祝福"读书郎倌"前程似锦；碰上新婚未孕人家，就要送上婴儿鞋一双，意为龙王送子；如果是经商人家，则要送一只纸糊元宝，祝福主人财源广进。

龙灯送福，演化多变，是最真实的乡情，是最朴实的民风，是融入血液的血脉传承。表演者都是当地土生土长的村民，一抬头一举手间，龙灯幻化，龙翔彩云，寄托了村民最淳朴的想象和最原始的审美情趣，专业的舞蹈演员可表现不出这本色本香的艺术风味。

回望传承200多年之久的上舍化龙灯，也曾有过断层。1957年，在杭州的第二届民间音乐舞蹈大会上，化龙灯表演到一半，灯里放的蜡烛走了火，荷花还没连成，"龙"身就烧了，从此化龙灯趋于冷落。直到1991年，为迎接首届湖州丝绸文化节，化龙灯被推荐为参演项目，消息传来，第五代传人杨榴芳和杨森芳着手复原，对"化龙灯"的制作、表演、后场等进行回忆、梳理、复制加工并改进，第六代传人杨海人和杨榴芳破格收的弟子胡启华也参与了制作。

几位师傅做了看，看了拆，拆了重做，整整一个多月，时隔34年，化龙灯终于再现雄风，在湖州丝绸文化节上表演并获得圆满成功，受到社会各界好评。从此以后，"化龙灯"不断翻舞于节庆、庆典等一系列活动中，成了当地的一道文化大餐。1997年，首届安吉竹文化节期间，"化龙灯"再次得到改进，新增"双龙抢珠""龙腾狮舞"等动作，更添新篇章，从此"化龙灯"表演趋向成熟。

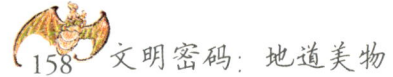

如今,除了闹春拜门,在各地文化表演的舞台上均能看到化龙灯的精彩演出。蜡烛换成了电灯,宣纸也换成了绸布,除了传统的走阵势之外,还增加了具有新意的舞蹈动作。现在,化龙灯走出了上舍村,走出了安吉,走向了首都,走出了国门。根植于这片美丽乡土和百姓心中的这股民间艺术力量,终不会被淘汰,将在传承中越演越新,越舞越活。

中国是一个崇拜龙的民族,龙是中华民族的图腾,全国各地民间都留存着关于龙的文化。龙腾千年,盛舞华夏,不管是稻草龙、香火龙、板凳龙、竹叶龙还是吊龙舞、化龙灯,在千年的传承之中,龙的文化和艺术魅力融合进人民的生活,成为生活的一部分,并以这样的传承影响着一代代中国人的思想和生活,这就是根植于中华民族血液中顽强不屈的龙的精神。

蛋壳陶

1928年,著名的考古学家吴金鼎在山东章丘附近的龙山镇发现,这里曾有过古人生活的痕迹。于是,这片埋藏了数千年的神秘史前遗存被"唤醒",被命名为"龙山文化"。

在当时出土的文物中,一些碎片样的东西引起了吴金鼎的注意,它们又薄又轻,却有着瓷器般的坚硬,当用水洗尽蒙尘后,顿时绽放出一种别样的黑色的美,经测量,这些碎片的厚度在0.2—0.5毫米间,薄如蛋壳,于是,它们被赋予了一个新名字——"蛋壳陶"。

远古文明的曙光

蛋壳陶,是龙山文化时期制陶工艺的极致之作,亦成为龙山文化的典型代表,以精美的磨光黑陶为显著特征,因此,距今4000多年前的龙山文化又被称为"黑陶文化"。

大部分龙山文化遗址,分布在山东半岛,现存于中国国家博物馆的一件"蛋壳黑陶杯",出土自山东日照市东海峪龙山文化遗址。这件蛋壳黑陶杯高22.6厘米,口径9厘米,通体乌黑光亮,胎薄而质地坚硬,挺拔秀丽,雅致尊贵;陶杯经轮制而成,杯壁厚度均匀,薄如蛋壳,最薄处仅为0.2—0.3毫米;整体造型优雅美观,纤巧秀气,器形分为三部分,上面是一个敞口侈沿深腹的小杯;中间是透雕中空的柄腹;下面是覆盆状底座,由一根细长管连成统一的整体;杯腹中部装饰六道凹弦纹,细柄中部鼓出部位中空并装饰细密的镂孔,貌似笼状,其内放置一粒陶丸,将杯子拿在手中晃动时,陶丸碰撞笼壁会发出轻脆的响声,杯子站立时,陶丸落定能够起到稳定重心的作用,设计十分巧妙,是一件绝无仅有的古代艺术珍品。

蛋壳陶创烧于大汶口文化晚期，鼎盛于龙山文化中期，断烧于龙山文化晚期，历经千余年，是龙山文化时期制陶手工业高度发达的产物。蛋壳陶杯制作艰难、稀有、易碎，其器形仅见于少数大中型墓葬中，很显然它并不大众化，说明它在当时是一种极高贵的用品，非常人可以享用，极可能是一种彰显尊贵身份的礼器，这就意味着，当时的社会已产生了阶级分化，即出现了私有制。历史学告诉我们，私有制的出现是人类进入文明、告别原始蒙昧的表现，可以说，蛋壳黑陶杯的出现，表明远古文明的曙光已喷薄欲出。

山东日照，被誉为"中国黑陶之城"，出土了许多古老的黑陶制品。在当地的博物馆，我们看到一件与出土的真正蛋壳陶杯按1:1比例仿制的作品，这件作品看上去质朴庄重、内蕴灵秀，拿在手里感觉特别的轻，据说它的重量都不及一朵玫瑰花的重量，这种实实在在的与远古文明碰撞的体验令人惊叹、惊艳而敬畏。完成这件仿制品的工艺家，就是日照知名的黑陶工艺家邢葆东。

质地密而坚的秘密

龙山文化的蛋壳黑陶非常朴实，它不以色彩、纹饰为重，乃以造型和工艺见长，风格简洁爽利，是当时人们审美观念的一种反映。

从出土实物来看，当时的黑陶胎内不见任何杂质，其质地十分细密坚硬，几乎没有渗水率，这说明龙山文化时期的制陶工匠对陶土的选择和烧窑技术的掌握均已达到了十分高超的境地。即使用今天更为现代化的器具，想要模仿烧制如此轻薄的陶器也是相当困难，可见龙山文化时期掌握烧制蛋壳黑陶技术的工匠，一定是当时的尖端人才、顶级匠人。

那么制作蛋壳陶的原材泥料到底是什么？来自哪里？是如何造就了这一千古精品？我们跟随邢葆东老师，开始了探寻之旅。

做蛋壳陶，首先从挖泥选料开始。

蛋壳黑陶使用的陶泥，全部是经过了反复淘洗的细泥。我们同邢老师一起，从

日照出发,来到了四百千米之外的营口,这里是黄河的入海口,就是每次邢老师选取制作蛋壳陶的泥料的地方。

为什么要在这里选制作蛋壳黑陶的泥料呢?原来,入海口处黄河的泥,是最好的做蛋壳陶的原料。因为第一,这儿的泥质特别细,没有粗沙和杂质,万千年黄河水流的冲刷淘洗,使泥质前所未有的细腻;第二,因是入海口处,这的泥有大量铁元素沉积,其含铁量比较高,选用日照当地黏性较高的黏土,与这种黄河泥相互配比,成为中性黏土,从而成为最适合做蛋壳陶的原料。

挖泥之前,只见邢老师拿出一幅黄布郑重地系在了腰上,对于此举我们甚是好奇,邢老师说:"黄色,在古代是最为尊贵的颜色,来到黄河入海口挖取泥料,去制作蛋壳陶,要带着万分崇敬的心,以表对几千年前人类先祖们的敬意。泥料挖好,我会用这些黄布将它们恭敬地带回去。"从邢老师的这番心意上,我们可以深深感受到他从内心深处对黑陶艺术的深厚感情,对这片土地的热爱。

几千年前的黄河孕育了当时的古代文明,历史的车轮却从未停歇,而今时今日的母亲河畔,古人的智慧与技艺仍在不断地发展与传承。

四千年前的极致之作

陶和瓷都是水、火、土的艺术。

黑陶从取土到成品,要经过选土、晒土、沉淀过筛、制泥、手工拉坯、湿刻、印坯、打磨、亮光、高温碳化等多项古法环节。每一件黑陶工艺品都很讲究,要求精工细作,容不得半点瑕疵。

在远不如现代科技发达的古代,先人们是如何制作出蛋壳陶的呢?

在将取回的黄河泥经过进一步加工细化后,邢老师从最难最关键的"拉坯"这一环向我们展示了制作工艺。

手中一大块练好的泥坯,被稳固地放在拉坯机的中心,手一边固定好坯体一边蘸水润滑,如果不加水的话,泥在和的过程中会非常涩,坯体中心就无法找准。拉坯机一启动,双手握住泥坯,慢慢地将泥条扶正起柱,制陶匠人的手就是钢尺,动与不动间,相差分毫可就要谬之千里。随着拉坯机匀速转动,泥坯温度会逐渐升高。

在这切切实实的温度中,陶体的雏形逐渐显现,直到轮廓清晰。许多蛋壳陶成品胎体可见极其细密的同心圆拉坯痕迹,证明其制作时使用了当时非常先进的快轮拉坯技术,是历史上最早使用快轮技术的典范。

经研究表明,要想加工出蛋壳般的薄胎陶器,需要应用刃口极锋利的刮刀类工具,边旋转边刮修坯泥,使器壁达到极薄,待晾干后再进行磨光,并在杯身上加刻镂孔和纤细的刻画纹作为装饰。薄胎黑陶之所以光亮无比,是因为用磨光石对胎体表面进行了长时间打磨,导致胎体中的石英、云母、绢云母等反光物质的颗粒顺着一个方向排列,对光线由漫反射变为平行反射,才使得器表熠熠发光。

"黑如漆,亮如镜,薄如纸,硬如瓷,掂之飘忽若无,敲击铮铮有声。"

蛋壳陶的制作工艺达到了中国古代制陶史的顶峰,代表了当时制陶工艺的最高水平。据现在的制陶技术显示,要顺利拉出厚度在0.2—0.5毫米的薄胎陶坯几乎是不可能的,景德镇明清官窑的薄胎瓷底部厚度也有1—2毫米,内壁如此薄的陶胎,在拉坯时的快速旋转中极易破碎,做这种小型器皿,对快轮轮盘设备的精密性与旋转时的稳定性要求非常严格,由于至今没有发现窑址,对于四千多年前人们究竟是使用怎样的工具来完成蛋壳陶制作的,我们只能止步于想象。

既然如此之难,在现代工业社会发达的科技之下,能否以机械制作来代替人工仿制呢?

邢老师斩钉截铁地回答:"绝对不行!我们是专业制陶人,一定要让下一代了解我们的祖先,要将这门手艺原汁原味地传承下去,让这种工艺、这种精华继续流传,让这种文化影响得更为久远。"

"四千年前地球文明最精致之制作",这是世界考古学界对龙山时代黑陶器的赞誉。黑陶,在多姿多彩的陶器文化中显得如此与众不同,它们非批量生产,极致工艺的背后,件件都包含着信仰和尊崇。

"雕纹犁镂几十年,留一器具在人间。"

最质朴的材质邂逅了最巅峰的工艺,龙山镇出土了数量极少的薄壁黑色陶杯,留下了那个时代的千古绝唱。古往今来,物是人非,然而,薄如蛋壳的陶杯上还留有每一双手的温度。

朱仙镇木版年画

　　开封古称汴京,位于河南省中部黄河南岸,是中国的八大古都之一,历史上的开封有着"夷门自古帝王州""汴京富丽天下无"的美誉。900多年前,张择端用一幅《清明上河图》将开封的繁华、民风、民俗尽情展现,时至今日,这里依旧传承和延续着当时的文化习俗。

　　木版年画,是中国历史悠久的传统民间艺术形式。在中国民间,年画就是年的象征,不贴年画就不算过年。开封朱仙镇木版年画是中国木版年画的发源地。中国木版年画兴盛于北宋都城汴京(今河南开封),随后传播、影响至全国其他地区,而开封朱仙镇木版年画则被视为中国木版年画的"鼻祖"。

朱仙镇木版年画的前世今生

朱仙镇位于开封市城西南,明至清朝中叶为中原商坞要冲,商业发达,经济繁荣。它与湖北汉口镇、江西景德镇、广东佛山镇合称"中国四大名镇"。朱仙镇木版年画源于汉唐壁画艺术,由"桃符"演变而来,距今已有800多年的历史。

北宋初年,汴京是全国的政治、经济、文化中心,各地商贾云集于此,庞大的市民阶层促进了世俗文化的发展;加之雕版印刷业的繁荣,为年画的创作、兴起与迅速传播奠定了坚实基础。据《东京梦华录》记载,当时的开封"十二月……近岁节,市井皆印卖门神、钟馗、桃板、桃符及财神、财门钝驴、回头鹿马、天行帖子"。由此可见,当时汴京已遍设年画作坊,木版年画的印刷及销售盛况空前。过年过节贴"年画"(宋称"纸画")在北宋时已蔚然成风。

北宋末期,由于金兵的入侵,京都沦陷,繁荣的市民文化逐渐萧条,大量年画艺人流落江南,汴京的木版年画业迁至朱仙镇;明末至清中期,朱仙镇河道四通八达,随即成为中原的商业重镇,年画业随着繁荣的商埠迅速恢复,据载,当时朱仙镇有300余家木版年画作坊;清末时,由于朱仙镇河道阻塞,

航道不通，木版年画与其他商业都日趋萧条；至民国初年，镇上的年画商号锐减到40余家；抗日战争爆发前，朱仙镇木版年画业迁往开封，主要集中在东大街、西大街、中山路和书店街，著名的老店有"汇川""振源永""云记""鸿记""天福利"等；随后开封沦陷，古城经济越发萧条，各大年画商号纷纷倒闭。

改革开放以来，随着中国经济的突飞猛进，文化艺术的蓬勃发展，濒临失传的朱仙镇年画在姚敬堂、张廷旭、张继中等年画优秀传承人的努力下舒缓过来，一批反映新时代风貌的新年画，如"香港回归""迎奥运福娃"被创作出来。2006年1月，朱仙镇木版年画被列入国务院公布的首批国家级非物质文化遗产名录，朱仙镇木版年画艺术开始焕发新的生机。

独成一派的艺术特点

"吃了腊八饭，就把年来办。"

在春节的气氛中，年画是必不可少的，一张年画，寄托着全家人共同的期待。在开封，年画才是一年的新伊始。为了感受开封的年画文化，我们找到了当地著名的年画老艺人任鹤林。

刚见到任师傅的时候，他正在为古城门更换门神，巨大的门神年画高达五米左右，威武神勇，气势恢宏。任老师说："今年的这个门神品种，是最受全国老百姓欢迎的，传统的木版年画是不可能做这么大的，如今在城门上更换的是现代工艺年画，已成为当地的新传统。"

开封城，门神城，来到开封，第一眼看到的就是门神，开封的名片就是年画。如此巨大、红红的年画贴起来，显得非常喜庆，很有过年的气氛。巨幅年画如此鲜艳好看，却依然是以木版年画为基础制作的。

据说在年画最辉煌的明清两代，朱仙镇的年画作坊有300多家，年产量可达上千万张。我们来到朱仙镇年画一条街上的一家百年老店，传承人张师傅说他家的这个年画作坊是如今镇上仅剩的几家百年老店之一，春节前是他们一年中最忙碌的时候,每天一个人要工作10个小时,印制3000多张年画。

朱仙镇年画的特点,第一是构图饱满,人物头大身子小,一个人物头部就占整个画面的近1/3,脸的面部表情被放大,眼神威猛有力,表情、动作有意地夸张,看似不成比例,但给人的视觉感受却非常舒服,既有喜剧效果又觉得匀称舒适;第二个特点是线条粗犷豪放、非常有力。朱仙镇木版年画线条古朴苍劲、阴粗阳细、对比强烈。例如《重耳走国》是传统历史题材的代表作,其刀法粗犷、简洁、凝练,线条夸张而不失细腻,充分体现了粗放强烈的艺术气质;《佛祖全堂图》是一件大尺幅的纯线版作品,通高95厘米,宽51厘米,整体构图饱满、布局合理,线条洗练、简洁、流畅,是朱仙镇木版年画中的精品。

颜色鲜艳是朱仙镇木版年画的又一大特色,朱仙镇木版年画十分讲究用色,它的色料都是按照古法用植物和矿物质颜料炮制而成,自行手工磨制,磨出的颜料色

彩十分纯净，以之印制的年画明快鲜艳、色彩浓重、对比强烈、久不褪色。朱仙镇年画多用青、黄、红三原色，非常符合中华民族传统的审美情趣和欣赏习惯。民间常说"黄见紫，难看死"，而开封朱仙镇年画大胆将黄色与茄花紫并置，黄紫两色的搭配，饱和度高、对比强烈，不仅没有难看之嫌，反而给人以淳朴厚重的艺术感染力，与民间过年的欢乐喜庆的气氛协调一致。

此外，朱仙镇木版年画打破年画用色一般规律的圭臬，用色大胆，不拘泥于成规，譬如，有些地方的年画人物脸部多打红脸蛋来妆饰，而朱仙镇的年画人物不打红脸蛋，看起来很自然和谐；中国传统民间工艺中，人们多把老虎做成或画成黄老虎或红老虎，而朱仙镇的年画是黑老虎。这些不拘泥于传统的创作手法使得朱仙镇木版年画在诸多年画流派中独树一帜，受到了中外美术界的重视和赞誉。

印制工艺和品种分类

　　人物夸张却又舒服，色彩艳丽而欢快，线条粗犷而豪放，正是这种浓郁的乡土气息和独特的地方色彩使得朱仙镇年画备受欢迎。历史上朱仙镇年画也曾以品种多、规模大、销售范围广而闻名天下。那么传统的木版年画又是如何印制的呢？

　　一张木版年画需要32道工序来完成，其中最精细的就是刻板，如果板刻得不够细致，人物形象就不会传神，刻刀拿起来，线随刀走，要想顺畅刻完一笔，要屏气一口气刻到底。仅是学好运笔刻板，就需要一两年的时间。张师傅告诉我们，鼎盛时期的朱仙镇年画分工细致，每道工序几乎都是由专人来完成的。

　　朱仙镇木版年画的印制手法主要采用木版与镂版相结合，水印套色，种类繁多。一般为六版一套，有的可多至九版。除黑色线版以外再套以八种颜色，即黄、橘红、水红、大红、绿、青、蓝、紫，先淡后浓，依次套印而成。用线版印出了模样后，再用色板一块块地套印，最终一张栩栩如生的年画便跃然纸上，一雕一刻，形象毕现，一抹一刷，色彩鲜艳。在套版印刷工艺上，朱仙镇木版年画尚有一种特殊的漏版刷印。此法将多层素纸裱牢为版，浸泡于黄蜡之中，待干透后将套印处镂空。这与雕版印刷正好相反，需要印色的地方均为镂空处；再将制好的漏版置于画纸上，用鬃刷蘸色印刷，色漏纸上。此为一版，多至四版。据说这种传统漏版刷印技术，目前仅漳州、开封等地尚有传承使用。

　　朱仙镇木版年画的题材和内容大多取材于历史戏剧、演义小说、神话故事和民间传说，取材广泛，主要分两类：一类是神祇画，如灶君神、天地神等，另一类是门神类。朱仙镇木版年画中最多的就是门神，门神中以秦琼、尉迟敬德两位武将为主，那些大大小小的门神画中，两位武将或衣着不同，或形态各异：步下鞭、马上鞭、回头马鞭、抱鞭、竖刀、披袍等，不下20种样式。除此之外，还有各种文武门神，文门神有五子、九莲灯、福禄寿等，武门神常是戏曲中的忠臣义士和各类英雄好汉。贴门神也是有讲究的，不同人的房门要贴不同内容的门神，如已婚子女辈房门贴"天仙送子""连生贵子""三娘教子"；中年人房门贴"加官晋禄""步步莲生"，老年人房门贴"松鹤延年"和"寿星"之类，少年儿童居室房门贴"五子夺魁""刘海戏金蟾"等。

朱仙镇木版年画乡土气息浓郁,民间情趣强烈,具有独特的地方色彩和淳朴古老的民族风格,是中国民间艺术宝库中的一颗明珠。20世纪30年代,鲁迅先生在《致刘岘》的书信中说:"朱仙镇木刻年画朴实,不染脂粉,人物没有媚态,色彩浓重,很有乡土味,具有北方木刻年画的独有特色。"这无疑是对朱仙镇木版年画艺术魅力的最好注脚。

之前,朱仙镇木版年画的印制规模较小,基本停留在家庭作坊的制作、销售模式上。掌握这一传统技艺的老艺人日趋减少,这一蜚声海外的民间文化遗产发展状况曾令人担忧。幸运的是,2002年10月,世人瞩目的"首届中国木版年画国际学术研讨会"和"中国木版年画大联展"在朱仙镇举办,这项活动被称作"中国民间文化遗产抢救工程"历史性的开端,而开封朱仙镇年画列为抢救之首;2006年5月,朱仙镇木版年画经国务院批准列入第一批国家级非物质文化遗产名录。目前朱仙镇木版年画的传承、发展、保护和交流备受重视,我们企盼这独树一帜的中华传统民间艺术瑰宝早日复苏,焕发新的生机。

介休琉璃

碧瓦朱檐，画栋飞甍，万顷琉璃，金碧辉煌……

琉璃，通常用于宫殿、庙宇、陵寝等重要建筑，也是艺术装饰的一种带色陶器。流光溢彩、变幻瑰丽的琉璃，是中国传统建筑中的重要装饰构件，是东方人精致、细腻、含蓄等品质的体现，是思想情感与艺术的融会。琉璃作为一种建筑材料，起源于北魏，大约自唐代开始，琉璃烧制的各种建筑饰件开始广泛应用于建筑物的装饰，并逐渐形成了琉璃艺术在建筑中的独特而壮观的历史和文化。

山西是建筑琉璃的发源地，现遗存较多较完整的建筑琉璃，其传统琉璃烧造技艺源远流长，相承不衰，代有佳作。而位于山西省腹地的介休市，是黄土高原上一座历史悠久的城市，因琉璃烧制技艺独具一格而久负盛名，自古就有"琉璃之乡"的美誉。

琉璃发源地，建筑博物馆

一方水土养一方人。

深沉厚重的黄土地为人们提供了生存居住的场所，也成为一些工艺品制作的原材料。在介休境内，煤矿、陶土、水等自然资源丰富，这些得天独厚的自然条件，为介休的琉璃烧制奠定了重要的基础条件。

最早关于琉璃构件的文献始于北齐的《魏书》，这是中国有关烧造琉璃构件和建筑琉璃的最早记录，距今已有1400多年的历史。史料载，公元4世纪初，北魏拓跋氏定都平城（今山西大同），在修筑宫殿、鸱尾、吻兽及殿宇台阁时，开始使用琉璃制品，所以山西是中国建筑琉璃的发祥地，也是最重要的产地。

而介休琉璃制作的历史，从出土的实物看，可上溯到北朝时期。根据从介休洪山镇北宋古瓷窑址中发掘出土的唐贞元十一年（公元795年）"法兴寺碑"碑文载："神峰北，地一所：东至大烟头，南自至，西至琉璃寺，北至石佛脚。"这表明，

介休在唐代时即有"琉璃寺",此时琉璃烧制技艺在介休洪山一带已非常成熟。值得一提的是,此碑为双面刻,背面又刻有天会十四年《洪山寺重修佛殿记》,其有"椽铺玳瑁,瓦瓮琉璃"的记载,可见在重修时已用上质如"玳瑁"的琉璃兽面来翻新寺宇。虽两碑相距175年,竟都和琉璃有关。

到了明代,介休琉璃烧造技术达到鼎盛。张壁古堡的空王殿、琉璃碑,城东的玄神楼、城隍庙等都是现存的这个时期的代表作。其中张壁的空王殿,顶部的琉璃建筑堪称琉璃艺术的杰出代表,其构件均施以黄、绿、孔雀蓝釉,其中以孔雀蓝最为出色,其色纯正优美,仿佛采湖水之色,凝碧空之韵。脊瓴上有游龙翔凤、雷公和牡丹枝蔓,顶部站立着威风凛凛、神态各异的骑士,整座建筑色彩明艳,琉璃饰件生动传神。更神奇的是,在大殿廊下,东西各立有一琉璃碑,分别为明万历三十三年(公元1605年)造和明万历四十一年(公元1613年)造。两碑均高1.6米,宽0.67米,厚0.18米,碑首有黄、绿、青三色的二龙戏珠,碑身通体施以孔雀蓝釉,碑座为瓜皮绿釉,碑文黑釉墨书,华丽而典雅,其碑整块制造,是国内绝无仅有的琉璃珍品。

明至清,介休琉璃无论在烧造技术还是艺术造型上,都达到了炉火纯青的境界,介休也成为当时名气最大的琉璃制造地。从现存的琉璃建筑看,作品最精湛、色彩种类最丰富、烧造技术最高超者当数"后土庙古建筑群",这是一组道教全真派古建筑群,占地九千余平方米,阵容浩瀚、气势恢弘,俗称"道家地"。建筑群内殿台楼阁重檐转角,屋顶上碧绿、金黄、孔雀蓝等各色琉璃交相辉映、光彩夺目,许多琉璃构件由于工艺失传已是绝品。"后土庙古建筑群"是介休琉璃的典型代表,无论是规模、颜色、造型还是数量,多为巨作,被称为"中国建筑琉璃艺术博物馆"。2001年6月,后土庙被国务院公布为全国重点文物保护单位。

地域特征强,个性更鲜明

介休的古建筑几乎全都离不开琉璃,而琉璃艺术又创新了介休的建筑特色。

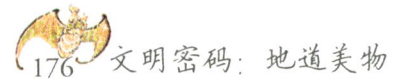

首先，这里的建筑类型多样，庙宇、戏楼、牌坊、廊桥、影壁、过街楼都在其中，装饰构件常有高大恢宏之作，龙吻兽头、脊楼宝瓶都高逾两米，体型巨大，要知道"琉璃好看窑难烧"，体量如此巨大的构件想要烧制成功，实乃万中无一。

其次，与宫廷式琉璃多按等级高低来统一尺寸、造型、题材等不同的是，在介休，除琉璃瓦、勾头滴水等这种大量使用的构件外，在不同的建筑上找不到任何两件雷同的琉璃作品；即便是同一建筑组群，各建筑间的吻兽、脊饰等也完全不同。譬如有些屋顶正脊上的鸱吻，看似左右对称、色泽一致、形态相似，但其实有"雌雄之分"，细节非常到位、考究。

再次，介休琉璃题材广泛却又独具当地特色，博风板上都饰有悬鱼、插扉，脊瓴上雕有龙凤以及牡丹等花卉图案，仙禽瑞兽、奇花异草自不必说，道教"八宝""暗八仙"等也屡见不鲜，除却传统惯用的祥瑞符号，介休琉璃匠人们还将"绵山胜境、汾水汪洋"等地方题材倾注其中，可谓独树一帜。

最后，介休琉璃具有明快的色彩格调，注重色彩搭配。屋面组织以剪边、铺方心等手法为主，单件琉璃作品设色也灵活多变、活泼自由。介休的建筑琉璃较少使用单一的黄色，一般均以黄、绿二色为主，或者一主一从，明代作品还特别突出孔雀蓝的使用；同时，色彩搭配还注重与作品的造型和内容相结合，参与到结构中去，使作品摆脱了平面化，加强了立体感，一些作品局部还采用了晕染的手法，使造型更为准确、生动、逼真，造型艺术和色彩达到完美融合。

古法有造诣，代有才人出

琉璃，是以岩土为基胎，表面涂以釉彩，经高温烧制而成的一种铅釉陶器，色泽以绿、黄、蓝为主，还有酱、紫、黑、孔雀蓝、褐黄等色。古建筑上的琉璃烧制工艺，与陶器、瓷器的烧制工艺在渊源上有着密切的联系，是中华数千年陶制工艺发展的一个侧面、一个缩影。

色彩斑斓的琉璃构件，将中国古代建筑装点得富丽堂皇、熠熠生辉，使古建筑散发出动人的光泽,在千百年的雨雪冲刷下依然色彩斑斓。那么新时代的今天,精美的琉璃建筑何处寻?

介休市新建的博物馆广场中心,有一标志性地标建筑——四狮抬瓶。这是一件大型琉璃雕塑艺术品,寓意"世世太平",这件气势恢宏、精致典雅的作品出自介休当地一位知名的琉璃大师——刘开宝之手。

刘开宝出身琉璃烧造世家,其家族历代承袭琉璃烧制技术,他也是目前介休当地唯一一位古法琉璃烧制技艺的传承者。

见到刘老师时,他正拿着钢锤砸试验失败的作品,虽然正在砸的这件琉璃狮子看上去细节到位,也很精致,但因为在烧制过程中出现了裂痕,没有达到原来设想的效果和标准,所以刘老师毫不犹豫地将其砸碎,回收到原料里边再利用。

其实按照传统的标准,这种接缝是允许存在的,修补之后琉璃件完全可以使用。这样砸毁,难道刘老师不心疼吗?

刘开宝说:"心疼也没办法,主要是追求的目标不一样,不完美就是不完美,把它做成一个上面没有接缝的作品,这才是最终目标。"

对于琉璃烧造技艺,刘老师是追求完美的,他不愿停留在以往的琉璃制作水平上,

所以说砸就砸，不留余地。

这边残次品刚砸掉，另一边新的试验品已经走到了最后的烧制步骤。这是客户定制的一对儿琉璃狮子，颜色精美，造型古朴别致，从接下订单到现在已经过去了一年的时间，原本的定制价格是12万，而实际上，对于追求完美的刘老师来说，这个成本价远远不够，因为一次次的试验、失败、再试验，不但耗费了刘开宝大量的时间和精力，其成本损耗都要由他本人一力承担。如今，总算要把这对历经无数次试验的狮子送到烧窑前经受最后的考验了。

工序繁儿多，釉彩细分色

琉璃是我国雕塑艺术的重要介质，大量的饰件以及饰件上的图案与纹路，都表现出了古人高超的雕刻技艺。

古法精品琉璃的制作，相当费时。一个较大型的琉璃作品，其造型、制坯、雕刻的过程是琉璃制作中耗时最长的一环，往往要耗费几个月的时间才能交出满意的作品。做琉璃，先从设计、雕琢开始，从形态设计再到细部表情的把握和体现，都需要精雕细刻。在这一加工过程中，为了保持坯体湿润，必须天天往上面洒水保湿，刻画往往需要很久，在反反复复的修改与调整中，手艺人要保持足够的耐心与专注，一点点细化打磨，力求造型上做到生动、活灵活现，使作品体现出一种勃勃生机，到最后，所有神态细节完成到位没有问题后，再进入下一道工序。

刻画好的泥坯并不能直接烧制，而是用来制作模具。将石灰水浇注在泥像的一面，待其凝固成石膏，便得到这一面的造型，用同样的方法浇注在泥像其他各面，最后将各面的石膏拼合好，即可得到完整的石膏模具。

模具的完成只是批量生产的开始，琉璃的制作过程漫长而考究。从十几岁跟着爷爷、父亲学艺到如今，刘老师苦心改进技术，在琉璃这项事业上总是不计成本，他相信以匠人之心去面对自己的作品，虽然成本高利益少，但总会打动识货的有心人，总会让这些工艺品拥有更长远的生命力。

制作完成的素坯经过十来天的风干和初次入窑烧制，便可进入到上釉的环节。

上釉的釉料呈橙色和灰白色，是由好多种矿物配合到一起完成，各种矿物的成分、最终出色效果都不相同，需要细心调和配伍。

上釉时，釉料一接触到坯就会迅速干掉，这得益于做坯的原料——坩土。所谓坩土，是一种耐火黏土，主要成分是铝硅酸盐矿物，一般呈灰色至淡黄红色。它的吸水性恰到好处，既能将釉料贴合在坯上，又不会过多地吸收自然界中的水分，对琉璃制品造成损害。

介休较为丰富的坩土资源和周边充足的煤炭资源，为琉璃在介休的发展创造了良好的条件，造就了介休辉煌的琉璃事业。

琉璃斑斓色，匠心苦钻研

琉璃构件作为琉璃建筑的基本材料，有其自身的特点，具有功能性、装饰性，同时还具有文化上的特殊含意。譬如，琉璃其色主要有黄、绿、黑、蓝、褐，五行之中的土对应黄，黄色为中央色，是正统色，是尊贵的代表；木对应绿，代表东方、生机、万物勃发。介休琉璃主打黄绿色，同时却又擅长局部晕染，令色彩更丰富、表现更立体。值得提及的是，在国内古建筑中极其罕见的"孔雀蓝"琉璃，在介休后土庙建筑群多处可见。"孔雀蓝"这一琉璃釉彩烧制配方曾经断代、失传，其琉璃艺术品存世甚少，非常珍稀。2013年，经过潜心钻研、反复试验，刘开宝终于恢复了失传了几百年的"孔雀蓝烧制技艺"，同年，刘老师制作的以孔雀蓝釉为主打色的"四狮抬瓶"亮相介休市博物馆广场。

"琉璃好看窑难烧"。古法琉璃是低温釉烧，其火候把握可以说是一半凭技艺，一半靠运气。这个环节也是最让人揪心的，随便一个失误都可能让前面的努力白费。

那对之前放进窑里的琉璃狮子在第四天终于烧制完成，可以出窑了。每个人都在等待着最后的成果。这一次的成果是熠熠生辉的艺术品还是再次被砸毁的残次品？一年的辛苦会不会再次付诸东流？答案就要揭晓。

搬开一块块封口的窑砖，令人感到欣慰的是，对这一次的烧制结果，刘开宝还是比较满意的。那些在涂抹之前还是白色和橙色的釉料，经过烧制后已经变成了黄色和绿色。这件烧好的作品上琉璃釉彩的黄，非常有厚重感，是一种淡淡的土黄，而釉上的绿色则很鲜翠。在作品表面，有些过渡的地方黄绿釉彩交融得很自然，呈现出更璀璨绚烂的质感和色泽。

烧制如此庞大规制的琉璃狮子，历史上都是拼合的坯体，这一次，通过烧制过程中高温炉火的作用，坯体都融接到了一起，成为了一个完整的琉璃构件，这是一次创新性的技术突破。但要求严苛的刘开宝，对于这次作品釉彩最终呈现出来的色泽、光感还是感到不满意，亮度上稍显不够，离他追求的最高境界、最优秀的那个程度要稍微欠缺一些。最终，他决定将这件作品作为标本放到自己的厂里边，而不是以差不多可以的标准交付给客户。

一对原本报价12万的大型琉璃狮子，在刘开宝一次次的研发改进过程中，其成本已经飙升到40余万，远超之前的报价。尽管如此，他还是坚持继续加大研发力度，直到烧制出最完美、最符合目标要求的作品，才下决心推向市场。如今，我们在介休土地上看到的那么多华丽的琉璃建筑、精美的琉璃工艺品，都是出自世世代代介休的琉璃匠人们那份追求完美的"匠人之心"，出自他们对于艺术的执着，是无数个像刘老师一样的手艺人精心雕琢的结果。

琉璃，是中国建筑文化的重要组成部分，是古代琉璃建筑辉煌成就的直接实物载体。充满着沧桑凝重气质的琉璃建筑遗存，是华夏文明的根脉所在，是我们要传承追寻的归属感。正因为有刘开宝这样砥砺前行的传承者，在我们的千年之后，那些承载着这个时代的文化内涵、艺术价值、历史价值的介休琉璃，才依然会璀璨多姿、历久弥新。

龙泉剑：色如霜雪，匣吐莲光

1965年12月的一个清晨，湖北省江陵地区，考古小组正在对一片楚墓群进行挖掘，当工作人员打开墓中的棺椁时，人们赫然发现墓主人尸身的左侧有一把青铜剑。单从外表来看，这把剑显得并不起眼，然而当考古人员将宝剑从剑鞘中抽出的一瞬间，所有的人都惊呆了……只见寒光闪闪，剑身上竟然不见一丝锈迹，历经千年依然完好如新。

据当时在现场的专家滕壬生回忆，"许多发掘人员都围过来，还有一些现场的群众。当时一位民工兄弟激动地冲上去观看，伸手就想抓，不小心冲得太猛一下撞到剑上，手立时就被划破了。"

后来，专家们对宝剑进行了测试，在桌上平铺了二十多层纸张，只见剑锋轻轻一划，这二十多层纸竟一次就被轻松划破了，实在令人称奇。在剑身上，工作人员发现了八个鸟篆铭文，经过对这八个字的反复推敲，专家最终认定，这把剑的主人便是春秋战国时期具有传奇色彩的越国国君——勾践。

两千多年，时光荏苒，越王勾践剑仍锋利无比，历经千年而不着锈迹，不能不说是一个奇迹。不过，同样是剑，为何有的能够削铁如泥，有的只能作为摆设用来观赏呢？难道是大自然赋予了勾践剑不为人知的神奇力量吗？

1977年，上海复旦大学的专家们对勾践剑进行了科学测定，通过可以发射质子束的静电加速器，利用辐射回来的X射线能量，判断出古剑的元素成分。得出的结果令人大吃一惊，数据显示，这把宝剑的青铜合金主要是由铜、锡以及少量的铝、铁、镍、硫组成，并且每种金属在合金中的含量有着严格的配比。剑不同部位的硬度亦完全不同：剑刃含锡量高，坚硬锋利；剑身中脊部位含锡量却降低很多，使剑充满韧性，不易折断，堪称中国古代青铜剑的巅峰之作。

从勾践剑身上我们感受到了什么是真正的宝剑，但是与勾践剑命运不同的是，我国古代有许多优秀的兵器，由于诸多原因无法再找寻得到，更无法看到它们的奇特之处。幸运的是，在新时代有这样一群执着的匠人，他们通过自己的努力，得以复原那些凝聚着古人智慧的神秘兵器，这其中最具代表性的名刃便是"色如霜雪，匣吐莲光"的龙泉剑！

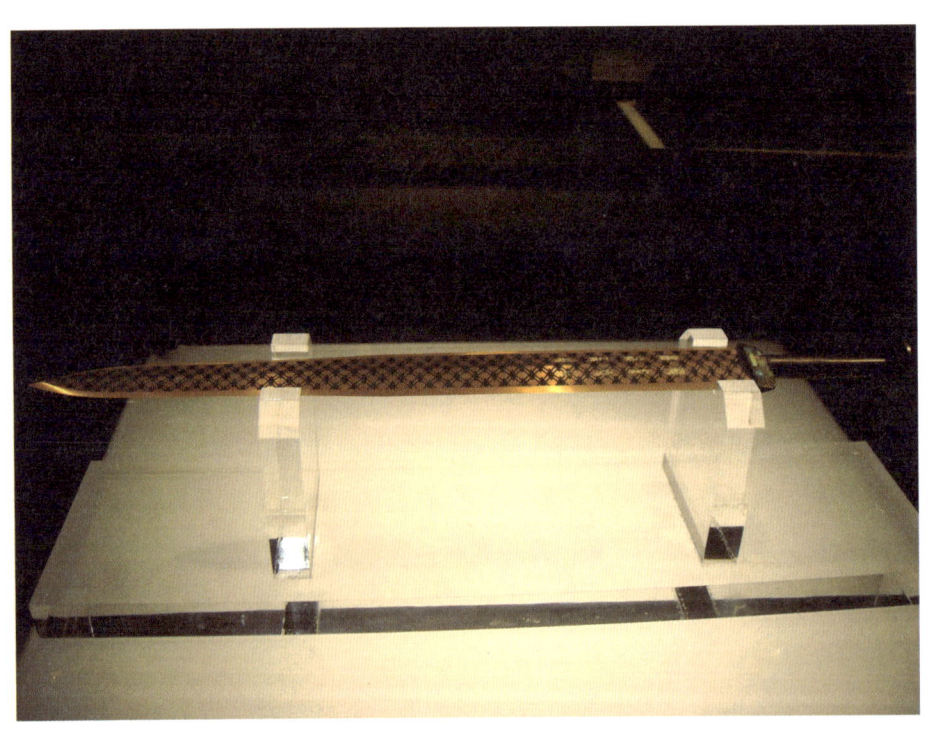

吴越山水，宝剑之乡

剑，乃短兵之祖，近搏之器，曾被古人奉为圣品，至尊至贵，君臣咸崇。就形制而论，剑为锋刃之尖长兵器，由于形美身轻，携之轻便，佩之神采，用之迅捷，所以多被用作防身之器，名士贵族剑不离身，久之便被古人视作身份、智慧和勇武的象征，王公帝侯、文士侠客、商贾庶民，莫不以持之为荣。十八般冷兵器中，其被尊为"百刃之君"。而"良工锻炼凡几年，铸得宝剑名龙泉"的龙泉剑，是我国有史可查的第一把绝世名剑。

从中国人用剑的历史中，我们能清晰地剥离出一个时代，那是一个名剑辈出、富有传奇色彩的时代——春秋战国。

此时，群雄并举，列国纷争，两军交战，多以车战为主，远则弓箭对射，近则戈矛相接，中原地区的战役，当时形制短小精悍的剑并无用武之地。而在春秋后期，吴越两国相继崛起，争霸于南方。两国均处于水网交错、丛林遍野的水乡，难于车战，步兵和水军遂成为吴越军队的主要兵种，而剑，成了军队的常规武器，且开始加长，如越王勾践剑，其剑身全长已达55.7厘米。古人言："吴粤（越）之剑，迁乎其地而弗能为良，地气使然。"由此，吴越两国都特别重视剑的生产，其铸剑技艺也远超中原各国，成为中国古代的"宝剑之乡"。

诚信高洁的"龙泉剑"即诞生于这兵戈相击的纷争之世、秀美多姿的吴越山水间。

龙泉剑，原名龙渊剑，始于春秋，距今已有两千六百多年的历史，据《越绝书》载："春秋时欧冶子凿茨山，泄其溪，取山中铁英，作剑三枚，曰：龙渊、泰阿、工布。"

在当时，先有名铸剑师才有名剑，而龙渊剑，出自人称"铸剑鼻祖"的欧冶子之手。欧冶子造龙渊剑，是他一生中锻造神兵的起步，相传2000多年前，欧冶子和干将遍访名山大川，寻找铸造名剑的铁矿。最终他们在龙泉的秦溪山下，找到了铸剑最好的原材料"铁英"，冶铸出了第一把铁剑——"龙渊"，开创了中国冷兵器之先河。

此剑得成后，俯视剑身，如同登高山而下望深渊，飘渺而深邃，如有巨龙盘卧，故此剑名曰"七星龙渊"，简称"龙渊剑"。

源远流长，盛名不减

龙渊剑初为越王所得，后归吴王，吴王赐予伍子胥，伍子胥身后此剑不知所终；晋初，龙渊剑与太阿剑一齐在江西豫章出现，剑气纵横，为张华、雷焕所得，后又失踪；直到隋末唐初，龙渊剑现身，成为唐高祖李渊的佩剑，为了避李渊的名讳，龙渊剑自此改称龙泉剑；后归于李世民，太宗身后，相传龙渊剑被陪葬入昭陵。从此，闻名天下的"第一神剑"消匿于世。

"美玉生磐石，宝剑出龙渊。帝王临朝服，秉此威百蛮。"

虽然神兵匿世，其名不陨，龙泉当地的铸剑之艺声名鹊起，尤其在唐代，宝剑的用途已从兵器变为王侯将相、士族显宦的佩饰之器。凡制名剑，必称"龙泉"，龙泉剑深受名流喜爱，被广泛用于进贡、馈赠等。诗仙李白则作有"宁知草间人，腰下有龙泉"的诗句，描述龙泉剑风靡于世的盛况。唐乾元二年（公元759年），龙泉县以第一神兵之名为县名，叫"龙渊县"，后因避唐高祖名讳，改叫"龙泉"，人们遂将欧冶子淬火铸剑的水池命名为剑池。

此后的宋元时期，龙泉古城的铸剑业盛极一时，剑铺林立，比比皆是；到了清朝，佛、道盛行，作为道教的法器和佛教尚武强身的必备，龙泉名剑自然也得以兴盛。

中华人民共和国成立后，政府十分重视恢复传统工艺品生产，龙泉剑的铸剑艺术得以重新问世。1956年，为庆祝中共八大召开，一把静心打造的龙泉剑被赠予毛主席，由此，蕴含着丰富文化内涵的龙泉剑"锋美双秀，名扬四海"，被国家列为"国礼"，赠送给多位国家元首和外国友人。2006年5月20日，龙泉剑锻制技艺经国务院批准列入第一批国家级非物质文化遗产名录。如今，三军仪仗队的指挥刀也都出自龙泉，随着龙泉剑声名鹊起，不少人都以拥有一把龙泉剑为荣。

技艺传承,名刃现世

"男儿何不带吴钩,收取关山五十州。请君暂上凌烟阁,若个书生万户侯?"

龙泉剑影响至今,成为我国传统宝剑的标志和代名词。那么,世代名扬的龙泉剑,今日风采如何呢?

2005年,在浙江龙泉市溪水边,一群人正在测试一把用古法锻造出来的宝剑。只见宝剑一挥而过,柔软却富有韧性的宣纸即被一分为二;碗口粗的毛竹,手起剑落,也被干净利落地斩为两截……这究竟是一把什么宝剑?这就要先说一说锻造这把宝剑的铸剑师——周正武了。

周正武,浙江龙泉人,出身于铸剑世家。自他小时候起,他的父亲就一直经营着新中国成立后龙泉第一家国营工艺品厂,耳濡目染着乒乓敲打之声,成长于刀枪剑戟之间,因此他无时无刻不在感受着强烈的传统技艺的震撼。

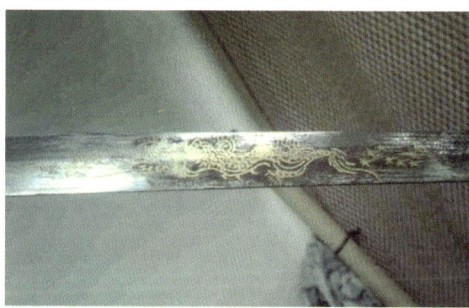

成年后周正武子承父业,成为一位铸剑师,"铸剑,我总共已经做了三十多年,但其实很惭愧,前面的那十七八年我只不过是做了一个基础。因为在当时,铸剑需要靠非常严谨的理论来支撑,不是说你拿块铁打打敲敲就能做出一把好剑,不是那么简单的

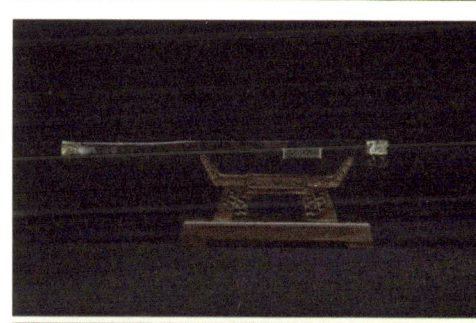

概念。"

2005年,周正武亲手打造出的"龙泉八面汉剑",作为中国唯一作品,入选了在澳门艺术博物馆举办的"国际铸刀大师作品展",他成为中国第一位参加"世界级铸刀大师"作品展的宝剑制造者。前文所述剑锋分纸、利切毛竹的正是这把新时期的"龙泉宝剑"。

宣纸,素有"纸中之王,千年寿纸"的美誉,它韧性强,不易折断。用这把古法龙泉剑,只是剑尖轻轻一挥而过,柔软的宣纸便被齐刷刷分为两半,其锋利程度可见一斑。为了进一步检验剑的锋利,试验人员又将宣纸放入了溪水中,原本就很柔软的宣纸,一放入水中就完全被浸透,谁知周正武执剑一挥,浸在水中的宣纸仍是应声而破。

龙泉吐利,初现端倪。

锋利无比,刚柔相济

相传,"欧冶子挟其精术,径往湛卢山中,于其麓之尤胜且绝者,设炉焉。取锡于赤堇之山,致铜于若耶之溪,雨师洒扫,雷公击劈,蛟龙捧炉,天帝装炭,盖三年于此而剑成。剑之成也,精光贯天,日月斗耀,星斗避怒,鬼神悲号,越王神之"。

欧冶子锻造龙泉剑时神乎其技,那么周正武又是如何锻造这把利刃的呢?

想要锻造一把真正的古法龙泉剑需要几个条件:当地的铁英沙,含有某种微量元素、特别适于淬火的龙泉水,以及传统的淬火锻造技术。

淬炼,烧红的铁块被不断地锤炼锻打,这是所有的铁匠都熟悉的手艺。火星四溅中,铁块本身也在发生着一系列的物理变化,过多的碳和其他杂质正在被剔除,如此的千锤百炼,一方面可以使剑成型,另一方面可以使宝剑的组织结构更加稠密。

但对周正武而言,这仅仅是开始,"其实在我的眼里,工艺的重要性还要超过材料。因为当铸剑工艺达到一定的水准后,即使是用一个非常差的材料,经过我们对这个材料的调整,加之技艺的发挥之后,它还是能做出好剑的。"

龙泉剑：色如霜雪，匣吐莲光

龙泉剑素有"锋利无比，刚柔相济，寒光逼人，纹饰巧致"四大特色，只需剑尖轻点，柔软的宣纸即被一分为二；手起剑落，碗口粗的毛竹也干净利落地被分为两节。其锋利特性已现端倪，那么周正武复原的龙泉宝剑又能否做到传说中的刚柔相济呢？

他首先找来一把普通的工艺剑，将其剑尖处固定住，然后把住剑茎将它慢慢弯曲，剑在弯到30°左右时就不堪弯折断掉了。周正武看了眼断口处说道："从这把工艺剑的断层看，铸造它的钢属于一种单层组合的钢，是不能够用于战争、不能够作为武器来使用的，因为它很容易折断。"紧接着，他将自己那把龙泉剑拿来同样固定进插槽，30°、45°、60°、90°……强大的弯度下，宝剑仍然没有断掉，随后周正武把手松开，宝剑迅速弹回，剑身笔直如初并无弯曲，令人叹服。

这究竟是怎么做到的？

"钢越硬，越容易脆、容易断。铸剑时，我们把一些柔性的钢掺到其中，剑身不同位置使用不同的材料、不同硬度的钢。"

原来，宝剑之所以达到刚柔相济，是因为周正武按照古法使用了复合夹钢的工艺。这一工艺需要用两块经过折叠锻打的钢材夹住一块柔性的钢材，然后置于炉火中。此时的炉温必须达到1300℃，只有这样的温度，钢材之间才会黏合，最终经过锻打，使三块完全不同的钢完全合为一体。外边两块坚硬无比的钢材包裹着内里柔韧的钢芯，只有这样打造出的宝剑，在物理上才是最完美的，这就是刚柔相济。

古为今用，精益求精

"我们在测试刀剑的时候，需测试它的硬度、锋利度和它的韧性。这三者如果能达到要求，这把剑就是一把好剑。"

为了能完全达到古时龙泉剑利兵实战的真实效果，周正武还决定要以一种古老的方法来验证他的剑是否真的"陵劲淬砺"。

剑劈草席，一直是历朝历代铸剑师用来测试兵刃的方法，草席虽然看似柔软脆弱,其实蘸水之后沉重且极具韧性,正可以模仿人的躯体。只有强大的臂力,配合足够锋利的剑刃才能够将它拦腰斩断。

面对浸水后手掌宽度的数捆草席,他仍是气势如虹,一剑挥下,草席立时被劈断,且断面非常平整,"这说明我们铸造的龙泉剑非常锋利,如果剑不锋利的话,它是无法完成这一步的。然后我们要再拿这把剑去砍铜铸的铜板,或是一些干的竹子,能去砍断这些硬的东西,这些测试做下来,如果剑刃无损,说明这把剑真就是一把非常好的剑了。"看来,力求精确还原古剑特性的周正武还不想就此止步,已经有了新的计划。

俗语常言名刃"削铁如泥",硬碰硬的较量,才是对宝剑最大的考验。五枚厚度为六毫米的铜板,将是这次试验的主要道具,宝剑可以劈开这五枚铜板,而又剑刃无损吗?

经过测试,利落一剑之下,五枚铜板被齐刷刷砍为两半,切口整齐,而剑刃却并没有任何损伤。接下来,铜板的数量增加到八枚,厚度也达到了九毫米,这一次,是剑胜还是剑损?对这么严苛的考验,周正武也并没有十足的把握,他用眼睛瞥了一下面前的铜板,然后暗运一口气,挥起了手中的剑,这一次,八个铜板竟也干净利落地被砍断,而且周正武手中的龙泉剑剑刃依然完好无损!

"十年磨一剑,霜刃未曾试。今日把示君,谁有不平事?"

现在,已经无须再做任何检验,一系列的测试已经足够证明,周正武对古法龙泉剑的复原获得了成功。先人的智慧在如今的传承者手中发扬光大,握在周正武手中的已不再是平日里只是表象精美而毫无筋骨的观赏剑,而是一把可以和千百年前任何名剑相媲美的利器,一把真正的龙泉宝剑。

"龙泉颜色如霜雪,良工咨嗟叹奇绝。"

在中国几千年的冷兵器发展史、冶金史和文化史上,龙泉剑始终占有重要的地位。令人欣慰的是,它的铸造技术一直代有传人,传承至今,按照古老的技术锻造,传说中的神兵最终回到了人们的视线中!

龙泉剑,透过它清冽的寒光折射出的是中国宝剑的铅华浮沉。名刃吐光华,当世映日月。

浚县泥咕咕

鹤壁，从夏商周起就是中原重镇，悠久的历史也孕育了灿烂的文化。浚县，古称黎阳，位于河南北部，隶属河南省鹤壁市。浚县历史文化底蕴深厚，有"中国的狂欢节"之称的浚县古庙会，距今已有一千六百多年的历史，是一种古老的传统民俗与民间宗教文化活动。

浚县庙会集信仰、仪式、娱乐于一体，贯穿于每年的整个农历正月，一直到二月都熙熙不散，除了浓厚的文化气息，浚县庙会也是当地民间商贸的交易平台，各种民间手工艺品在这里得以交流和展示。庙会上有一种别致、精巧、又漂亮又好玩的泥塑玩具，总是能顷刻就吸引人们的目光，只要是来赶庙会的人，都会买上一个，或自己把玩，或作为礼物送给孩子们，这便是当地家喻户晓的"泥咕咕"。

中国泥塑第一村

位于鹤壁东南,浚县城东的杨玘屯村,素有"泥玩之乡"的美誉,位于村口的几个大字"中国泥塑第一村"分外醒目。

浚县泥咕咕与其他地方泥塑最大的区别就在于它可以用来吹,并发出咕咕的声音。在它丰富多样的多种造型中,有种飞禽造型的咕咕鸟,外观看上去既像一只鸽子,又像一只斑鸠,对着尾部的气孔一吹,就发出咕咕的声响。原来,咕咕鸟在当地是一种吉祥鸟、喜庆鸟,每年当麦子成熟即将迎来丰收时,这种鸟就会发出一种咕咕咕咕的声音,所以泥咕咕被吹响时,也会发出这样的声音。

泥咕咕的产生,距今已有上千年的历史。据史料记载,隋朝末年,隋炀帝连年大兴土木,对外不断用兵,繁重的徭役兵役使得田地荒芜,民不聊生。公元617年,起义军首领李密领导瓦岗军攻打黎阳仓,也就是今天的浚县。两军激战,隋军大败,瓦岗军将士也伤亡惨重,李密部将领杨玘奉命收容疲病士卒,使其驻扎在金堤休养生息,后来这里得名为杨玘屯村。为了纪念那些牺牲的将士,当时军中一些士兵在耕种休养之余,常捏一些泥人、泥马,以表达对牺牲战友、战马的怀念之情。经过一千多年的发展,这一技艺延续了下来,形成了一种独特的民俗文化,演化成为今天的"泥咕咕"。

在杨玘屯村,宋学海宋师傅作为泥咕咕技艺传承人,至今制作泥咕咕已有40多年的时间,是国家级工艺美术大师。听宋师傅介绍,杨玘屯村一千多户人家,从事泥咕咕制作的就有600多户。在他的带领下,我们开始了解这种泥玩的前世今生。

黄河胶泥来塑形

泥咕咕的制作,看起来并不复杂,但是工序非常多,首先作为原料的黄胶泥就不简单。

杨玘屯村所在的地方在金代以前为黄河故道,黄河从这里流过后,沉积下厚厚的泥层,当地人称这种泥为"黄胶泥"。黄胶泥质地细腻、黏度高,可塑性强,不容易破损,是制作泥咕咕最好的原料。取土一般是要取地下一米左右的浆泥土,因为这样的泥土很少有树根和草根,土质较纯净。取回来的黄胶泥经过晾晒后,筛土去除杂质,加水和泥,再用木棍反复捶打,直至黄胶泥柔软细腻,像和好的面团一样,就可以用来制作泥咕咕了。

"原本普通一堆泥,名师传技现神奇。"

宋学海师傅将泥熟练地团在手上,用竹棍做出的辅助工具进行捏制。捏制是制作泥咕咕的关键步骤,捏制时先用手团揉,粗略捏出大致轮廓,再用竹质工具雕制泥玩的眼睛、嘴、尾巴、花纹等,经过双手的揉、拉、捏、掐,小小的一块黄泥,谈笑间就变成了一件精美的泥咕咕作品。

传统的泥咕咕,它的造型讲究高度的主观性和随意性,信手拿了一块泥,不论大小高矮心中有数,等泥在手里慢慢热起来之后,构思也就差不多了,相似的造型

却能捏出不同的神韵。以前人们做泥咕咕,都是在闲暇或晚上,一家人坐在一起,边制作边聊天说笑,气氛融洽,所以它的造型和神韵带有浓郁的乡土气息。

刚刚捏好的泥咕咕容易变形,为了方便携带和保存,晾干之后还要经过窑烧。烧制时,把泥咕咕分层摆开,便于均匀烧制,且要保证窑内温度保持在700℃左右,烧制24小时。

浓艳色彩,古朴造型

泥咕咕最大的有几十厘米,最小的不过几厘米,大的吹出来像战争时使用的号角,小的清脆如口哨。浚县一带,人们小时候最爱不释手的玩具就是泥咕咕。尤其过年在庙会上,大人们都会揣上几个泥咕咕作为礼物送给孩子们,不仅因为它一吹能发出或清脆或低沉的声音,更因为它的造型别致,丰富多样,色彩艳丽。

泥咕咕制作题材源于现实生活,广泛而丰富,其造型雕刻有飞禽、动物、人物、民俗风情等四大类,一百多个品种。其中一类是以燕子、斑鸠、孔雀等形象为主的飞禽;另一类是以老虎、狮子、大象、猴子为造型基础的动物;还有一类是以《三国演义》《水浒传》中的人物和瓦岗军为原型创作出的形象,以及随着时代变迁,人们根据生活内容所创新发展出的情态式泥塑类型。

传统的泥咕咕彩绘多以黑色为底色,再用白粉、大红、大绿、大蓝、大黄等颜色描绘出各种不重样的装饰,如梅花、菊花、月季、兰草、火焰等,大多用原彩色,很少用调和过的中间色,大红大绿的色彩对比之下,使作品美感顿生。吉祥的图案对比强烈的颜色,古朴别致的造型生动传神,使泥咕咕别具风味,充满了民间艺术特色。

以前,泥咕咕通常是以小手工作坊生产为主,一到冬季农闲时节,杨玘屯村每家每户都会开始制作泥咕咕,全家男女老少围坐在一起,有的人负责和泥,有的负责造型,各司其职,技艺娴熟,制作出来的泥咕咕晾干透后,再在自家的小土窑进行烧制。窗台上、墙头上、灶台上,到处都摆满村民精心制作的泥咕咕。

人们在捏制的过程中,也总是不由自主地把自己对生活对事物的认识,通过泥塑表现出来,随意地增减夸张,这就形成了造型古朴别致,带有浓厚地域色彩的泥咕咕。

譬如纵马驰骋的骑马人泥塑,为突出战马的雄壮,手工艺人把战马颈部夸张得非常粗壮,使其占整个身体的2/3,马头高昂,马脖子宽厚,马的四肢则省略得特别短,显得整体雄壮而稳重;还有咕咕鸟的刻画,它们同样也被夸大了肚子,头和尾部缩得很小,外形圆润饱满,已经形成了独有的艺术特点。

"中国泥塑第一村,人人都是手艺人。"

因为全部依靠手工,泥咕咕的生产规模无法扩大,也曾经一度濒临失传。泥咕咕在杨玘屯传承了上千年,如今像宋学海宋师傅这样全家制作泥咕咕的有几百户,当年瓦岗大将屯兵之地,已经成为泥咕咕的主要传承地,泥咕咕与杨玘屯相伴相生。2006年,泥咕咕被列入第一批国家级非物质文化遗产名录,多件作品还被大英博物馆、中国美术馆所收藏。近年来，当地一些思想活跃的年轻人大胆创新，以揭示现代生活、表现风俗民情为主题，塑造出一批神态迥异、个性十足的作品，为泥咕咕的发展带来了新的生机，也为这门古老的民间艺术带来了新的希望。现在的泥咕咕，已不再是儿童玩耍的泥玩具，而是扩展为满足不同年龄、不同层次人群的玩赏需求，并进入到家庭装饰、陈列摆设领域的艺术品。

泥咕咕在原始先民拓荒稼穑、逐鹿征战中吹响，它的声音穿越时光隧道已响彻千年。作为浚县最典型的历史文化符号，它是穿越时空、唤起人们历史记忆的礼物，在这片土地上代代相传，生生不息。

郫县鸟笼

　　成都平原的西部，坐落着有着"三编之乡"美誉的郫县古城镇。

　　所谓"三编"，是竹编、草编、棕编三种传统手工艺，"三编"在郫县古城有着悠久的历史和广泛的群众基础，街头巷尾随处都可以见到"三编"的踪迹，这其中编制精巧、市场价格高昂的当数竹编鸟笼。

古老技艺传承至今

郫县,地处川西平原,水源充沛、气候温和,特别适合竹子的生长。在这里,竹子已经成为了许多人生活的重要来源,这其中的"竹编鸟笼",单个精品可以卖到几万到几十万不等的价格。

中国的鸟笼制作流派众多,其中以北笼、南笼、广笼、川笼最为有名。而川派鸟笼以款式众多、质量上乘备受人们的喜爱。自唐朝始,赏鸟听唱就成为了郫县古城镇及周边地区的一种风尚,到清朝乾隆年间,这里的竹编鸟笼已有数十个成型品种,成为当地名噪一时的产业。当时郫县有近百位竹编鸟笼匠人,制作鸟笼堪称一门艺术,自古民谚有云"七里观作笼,八里听鹃鸣",古城镇遂有"川西鸟笼之乡"的美称。2011年,古城竹编鸟笼技艺被列入第三批四川省非物质文化遗产名录。

郫县古城镇的指路村,就是川派鸟笼的核心产地,据说,这门手艺在当地都是从一名叫王修其的手艺人那里学来的,王修其老先生去世后,他的儿子王明文继承了这门手艺。

王明文现在是成都古城竹编鸟笼技艺的省级代表性传承人,他制作的鸟笼,在整个川西甚至全国都有一定的名气,有"王明样式"的美称,一些他精心制作的鸟笼甚至远销海外。

王明文的父亲王修其老先生几十年前就开始做鸟笼,当时,老先生原本是个竹编匠人,平日靠编织竹席、提篮、簸箕这些日用农具为生,因为偶然在集市上看到有人售卖鸟笼,觉得很不错,回家以后就模仿着做起来,没想到他做好的鸟笼竟也销售了出去,随后,王老先生开始专注做鸟笼,从一开始的粗糙,到后来做工越来越考究精美。他还将这门手艺教给村里人,在他的带领下,村里做竹编鸟笼的人越来越多,现在在指路村,几乎家家户户都做竹编鸟笼,郫县古城的鸟笼制作再次发展壮大。

选材讲究的艺术品

受父亲的影响,王明文年幼时就对竹编工艺十分着迷。在他位于郫县古城的静谧的小院中,挂有数个已经做好的鸟笼,有些颜色略浅发青白色的,是新做成的;有些颜色加深发黄的,是经过几年的使用后,竹鸟笼表面产生自然的包浆后形成的。其中一个精巧的装饰有玳瑁的鸟笼,市场售价在五万左右,可谓价值不菲,令人不由慨叹,小鸟买房的压力也不比我们人类低啊!

制作竹编鸟笼,从选材开始。

鸟笼匠人选材很有讲究,一般选择生长期三到五年的竹子,不太老也不太嫩,这个时期的竹子水性稳定,色泽干净,柔性强,做出的鸟笼更有质感,也更耐用。

王明文贮藏做鸟笼原材竹子的仓库,充满了浓浓的农药味道,喷洒农药,是为了防止虫蛀;这里收集到的竹子,按砍伐时间不同分类摆放,有些刚砍伐回来不到一年的新竹颜色淡青显白,放置时间三四年以上的竹子颜色会加深发黄。

选用做鸟笼需要的竹子,竹节比较长的更适宜,因为竹节长才好做鸟笼的底圈;竹子的直径,大都不超过十厘米,约成人一拳厚度的尺寸。眼前的物料都是王明文每年从各地的山中精心挑选买回来的,因为做鸟笼最关键的就是竹子的材质,竹子选择好购买回来以后,要先去皮,然后根据

鸟笼的形状以及长短再进行火烤，烤干后进行晾晒，正是因为竹子是天然材质，规模化囤积很难，竹编鸟笼的产量自然也就高不了。

技艺精细，制作不易

选材到位后，那么该如何制作呢？

首先，要用小钢锯将长竹子锯为合适的长度，再用砍竹刀将竹身一破为二，劈为竹片；然后用刮刀刮去竹子表面的青竹皮，露出竹心本色；接下来点燃炭火，将竹片架在炭火上去湿烤干燥，烤的过程中，水汽吱吱吱地从竹体里冒出来，炭火的炙热中散发着清雅的竹香。

火烤完成后，原材竹子还需要经过长时间的晾晒，这样才能进入下一步制作竹编鸟笼的环节。

锯子、游标卡尺、刀、锉、锤、钳……制作鸟笼的工具众多，工序复杂，其中制作鸟笼外圈很有特点，也是制作竹编鸟笼的必要基本功。

将宽窄已经劈好的竹条敲打平整，抛光表面，然后点燃酒精灯，利用灯火的温度一点点将竹条烤弯，最终形成一个完美的整圆。

"烤形成圆"，看似缓慢复杂的一道工序，其实只是编制中比较简单的一项基本功操作，实际上，外圈接口才是考验竹编艺人手艺的步骤，让人看不出接缝痕迹是做这一步的目标。进行这一步时，需要细致地将弯曲成圆的竹条两边的接头处先削出合适的斜面，然后在编鸟笼的手艺人所特有的"铁刨"上进行刨平，随后对接、修补，再用铁夹夹紧、上胶填缝，进一步刨平，这样竹圈最终出来的效果可谓严丝合缝，毫无痕迹。因为接口处竹子的纹路都拼接得近乎完全一致，若不细心看，甚至接口在哪里都难以觉察，可谓精益求精。

一个鸟笼外圈就需耗费几个小时的时间，要做好一个完整的精致鸟笼，需要一个多月的时间，有些匠人甚至要用几年的时光去打磨一件作品。

鸟笼的外圈做完之后，还要做爪、修圈、钻眼，把笼丝一根根穿进准备好的眼里，步步都需谨慎。一个鸟笼从选料到成品需要三十多道工序，而这些工序中包括大大小小上百个部件，一个部件弄错做出来的鸟笼都可能是次品。所以，匠人做出的极品鸟笼要有四平八稳，笼丝垂直无歪斜，笼爪左右对称，门上下开合自如，大圈结合口严丝合缝，表面干净光洁、无花斑的特点。可以说每一个鸟笼都是独一无二的精品，无法完全复制。

成品鸟笼小则尺许，大则二三米，形状各异。除了制作以上这种没有雕花工艺的"素鸟笼"外，若再加上精巧的雕花和装饰，一个动辄几千甚至上万元的鸟笼也就不足为奇了。

一根竹条，几十种工具，王明文的数千个日夜都是在灯光下打磨竹子中度过的，他接过了父辈的工具，在竹编技艺这条路上不停前行。

鸟笼的艺术价值越来越被市场认可，海内外的华人收藏者络绎不绝。但这门手艺是静坐的艺术，是匠心的艺术，小小的鸟笼，是郫县匠人们生活的支撑，是情怀的象征，深深地扎根在属于他们的这方沃土之中。一门手艺，几代人的坚持与摸索，正是手艺人把竹子独有的韵味和时代的诉求相融合，创造出一件件实用但不失美感的艺术作品，才得以让竹子的魅力流传至今。

热贡银匠

青海省黄南藏族自治州同仁县境内的隆务河畔,冲刷和滋养出了一片神奇的土地,藏语称之为"热贡",意为"梦想成真的金色谷地"。

这里曾是被战火焚烧的疆土,是被宗教洗礼的胜境,15世纪初,艺术选择了这里,"热贡艺术"发祥于此,热贡艺术是雪域文化和中原佛教艺术完美结合成的一种独特的艺术形式,是藏传佛教艺术中的一个重要流派。

热贡艺术中的银雕

"热贡艺术"主要有唐卡、堆绣、壁画、雕塑、图案等艺术形式,内容多为佛教人物和佛经故事。几百年来,热贡艺人们的足迹踏遍我国青海、西藏、甘肃、四川、内蒙古、云南、北京及印度、尼泊尔、不丹、蒙古、泰国等地,吸收并融合了西藏绘画艺术、四川甘孜木刻艺术、甘肃敦煌艺术和南亚犍陀罗艺术的特质,创立了既具有青海地区特点,又有藏族传统艺术风格的热贡艺术。

热贡艺术向我们展示着藏族人民勤劳的智慧和灿烂的文化,这其中,精细绝美的"银雕"是热贡艺术最主要的组成部分,它被广泛运用于寺院建筑和藏族人民的日常生活中。

早在公元4世纪,藏族人民就已经娴熟地掌握了冶金和锻造的复杂工艺,此时也是藏式银雕的起源时期。藏族人离不开银雕。从灵塔到首饰再到日常生活用品,银雕作品几乎无所不在。热贡艺术是一个由多种艺术形式组成的艺术集合体,而银雕因为运用范围广,是热贡艺术中不可或缺的重要组成部分。

在黄南藏族自治州隆务镇一间工艺品店内,我们看到一件惊艳绝伦的唐卡作品,印象中,唐卡都是绘制的卷轴,而这件唐卡的与众不同之处在于,它是一件银雕唐卡。

虽然是银雕唐卡,但整件作品的形态却也遵循着绘制唐卡的式样,似布幅卷轴一般,这件唐卡的表面泛着丝绸一般的光泽,银光闪闪,并且还镶上了奇石异宝,宝石与银质底幅相得益彰,珠联璧合。店主南杰才让大哥说:"人们熟知的唐卡是在布上绘制的,而其实唐卡的种类很多,有堆绣唐卡、刺绣唐卡、绘画唐卡,以及眼前所看到的银雕唐卡等。"

银雕唐卡的精美,让人惊叹,比起传统唐卡,它多了一份创新,著名的藏族银饰如今体现在了唐卡上,别具风格。"做这样一幅银雕唐卡非常非常难,全部需要手工完成,上面每一处细腻微小的花纹,都需用非常小的錾子,一点点人工敲击錾刻出来,工艺异常复杂。"

银雕世家的高手银匠

南杰才让大哥很珍视这幅银雕作品，这件银雕唐卡价值不菲、制作不易，是他的哥哥，隆务镇远近闻名的银匠——索南扎西，历时好几个月才制作完成的。我们跟随南杰才让离开店铺，走进商店后面小小的院落，院落中不时地传出"叮叮当当"的声音，原来这里是一间银雕作坊，正在錾刻银器的就是索南扎西师傅。

索南扎西出身银雕世家，他和南杰才让的父亲是热贡地区德高望重的银雕艺人。老艺人18岁那年，因一个偶然的机会成为了热贡银雕大师罗桑丹增的弟子。索南扎西的父亲聪明好学，一边跟着罗桑丹增大师学习银雕技法，一边在寺院里跟随艺僧学习唐卡的绘画技术，并很快掌握了热贡银雕的基本技法。罗桑丹增大师见索南扎西的父亲天资聪慧，又吃苦耐劳，于是就把有关热贡银雕的全部技艺秘授给了他。

如今，索南扎西做银雕已经20年了，银雕的工具是钢錾，他手中使用的錾刻工具，都是从父亲手里传承下来的，而大哥的父亲又是从他的师傅罗桑丹增大师那里传承下来的。我们进来时，索南扎西正在制作一套银雕水壶和水杯，精美细腻程度叹为观止。这套作品索南扎西大哥投入了非常多的精力，已经制作了三个多月的时间还未完成。银雕，真的是件下功夫的事情。

錾刻中的银器，很奇怪的，都和一种黑乎乎的东西连在一起，这到底是什么呢？

原来，古老的银雕技艺都是利用松胶作为錾板来錾刻，以刚克柔，软银塑形。

松胶，银雕艺人的秘密武器

雕琢银器第一步就是制作固定银雕作品的松胶。松胶成分很复杂，原料最主要的是松脂，松脂要到很远的山上的树林中才能找到，我们决定跟随索南扎西大哥去山上采集。

来到森林茂盛的麦秀山高处，只有高处的山上才有松树，松脂就是松树上油脂的分泌物，日积月累，凝结成块，挂在树皮表面。这里的松树虽然多，但是找到松脂却不是一件容易的事，每棵树上只能寻找到一点，有时候为了高处的些许珍贵松脂，索南扎西不得不爬到树上很高的地方去采取。

采回来的松脂需要进一步加工，才能成为银雕的錾板。制作松胶是每个银匠首先要掌握的技能，有关松胶的配方是匠人们秘而不宣的看家本领。将松脂放在火上加热熔化，倒入清油，索南扎西还会学着父亲的做法，在里面加入藏族人家煨桑烧香用过的桑灰，将桑灰用铲子从煨桑炉内取出，过筛去除杂质，再将其倒入加热松脂的大锅内，将这一锅物品煮沸，经过调制，松胶将呈现出一种酷似沥青的色泽和比肥皂略坚硬的柔韧细腻的质地，再倒出来冷却成块，留待使用。

松胶熬制好后，索南大哥用利剪从一大张的厚银片上剪出准备做银雕的银片形状，用工具反复敲打，柔软的银片会慢慢变形，敲打的同时，为了更好地塑形，还要将银片用燃气焰枪加热。

银器形状在敲打中渐渐呈现，这样的敲打与加热要反复进行很多次，就这样，一个小茶杯在叮叮当当中还要度过几个小时的时间才能呈现雏形，所以，令我们感慨的不仅仅是银雕匠人对这种美的极致追求，还有对这种技艺传承的坚守，"金杯

银杯不如老百姓的口碑",经过这么多繁琐工程造就出来的热贡银器,绝对值得拥有。

工艺复杂,彰显珍贵

其实热贡银雕对白银的纯度要求也非常高。

匠人们首先要把称好的银块放在一个坩埚里提纯。坩埚只有普通的饭碗大小,是由隆务地区山上的一种黑色的陶土烧制而成。在整个银雕工艺中,白银提纯可关系到整件作品的成败,一旦白银的纯度不够,将会影响到银雕作品的光泽和器形。大到几十斤重的银雕作品,所有的白银也全部依靠匠人们一坩埚一坩埚地提纯出来,由此可见,热贡银雕精益求精的程度。

随着时间的推移,当初的一块银片已经越来越圆润,反复敲打中,一个杯子的形状出现了,而要达到最终基础成型的要求,还要这样反复敲打数小时,直到达到标准才能进入錾刻环节。

银器塑好形之后,就要把之前制作的松胶与之黏合,松胶块放进杯子里,用焰

枪将其熔化填充整个内槽,等银皮和松胶牢牢粘连在一起后,再拿去錾刻。

银器上先用铅笔画上花纹线条,再用錾子按线条细细地进行錾刻。錾刻的技艺可不是看一下就能学会的,需要长久地练习,静下心来一点点完成,在一把把不同的錾刀更替中,在一个点一条线的敲打中,才慢慢铸就了美丽繁复的花纹图案,完成了一件银雕艺术品,银雕唐卡也是这样做出来的,这就是匠人之心。

热贡银雕工艺,包括松胶的配制、白银的提纯、造型、錾刻技艺的呈现,步步有秘法,处处现诀窍,由于工艺精湛、程序复杂,没有数十年如一日的专注投入,根本就无法进行这一艺术的创作。索南扎西在黄南藏族自治州是最有名的银雕艺人,而目前在黄南从事银雕的匠人不超过30人,像索南大哥这样技艺精湛的更是少之又少。为了更好地传承这门古老的技艺,索南大哥目前致力于开班培训,希望能够教导出更多合格的传承者,将这门艺术发扬光大。手艺人通过灵巧的双手,把劳动升华为艺术作品,而在这些艺术品的背后,正是无数手艺人锲而不舍、代代传承的工匠精神。

蜀绣：锦线绘韶华

　　五千年蚕桑始嫘祖，三千年蜀国始蚕丛，两千年蜀绣传天下。蚕桑文化，在千年的历史传承中延续着古蜀文明的勃勃生机，凝聚成成都平原最壮丽的文化丰碑。在千年的历史演变中，蜀绣，作为中国非物质文化遗产的典范，凝聚着蜀人灵巧精湛的技艺，其色彩艳丽、针法多变的特色，一气呵成、气韵连贯的效果，与苏绣、湘绣、粤绣并称为"中国四大名绣"。

女工之业，覆衣天下

蜀绣是中国刺绣传承时间最长的绣种之一，它的历史最早可上溯到与中原夏朝文明同时代的古蜀三星堆文明。战国末期，蜀郡已经成为位居中国第二的丝织业基地，秦汉时开始在成都设置"锦官"（官府经营管理丝织业的机构），人们对衣饰的多样性需求使绣和锦并肩发展，并产生出了蜀绣独具特色的"锦纹针"。

关于蜀绣最早的记载见于西汉扬雄《蜀都赋》："丽靡螭烛，若挥锦布绣，望芒兮无幅。"后扬雄又作《绣补》，汉时关于蜀绣的记载还见于西汉末刘歆的《汉书·艺文志》。这些记载显示，在西汉时锦和绣都是人们心目中最精美的丝织物制品，表明当时的织绣工艺已经发展到了相当高的水平，汉时蜀地锦绣的色彩都鲜艳夺目，给人以强烈的视觉感受。到西汉末，蜀地"女工之业，覆衣天下"。

东晋常璩所著《华阳国志》中详载蜀地物产，将锦、绣与金、银、珠、玉同列；隋唐时织锦、刺绣在蜀地高度普及和发达，《隋书·地理志》称，"成人多工巧，绫锦雕镂之妙，殆牟于上国""茧丝织文纤丽者穷于天下"，说明织绣不仅是遍及蜀地的生产活动，绣及绣品也频繁出现在文人诗赋当中，代表富丽、珍稀和情思，人们用闺阁中千针万线所得的女红来表述和传递自己的思想感情。

宋元时蜀绣的针法技艺继续得到发展，逐渐形成了自身的针法特点和韵味风格；元末明玉珍在重庆自立为王，其登基的龙袍是一件蜀绣绣品，胸前用丝线绣出的腾龙采用了锁针、齐针、辅针、掺针、接针、滚针、车拧等多种针法，其晕针针法已经出现了二二针、全三针的雏形，龙鳞绣片平整光亮，掺色均匀，充分展现了蜀绣绣片光亮的风格。

清道光十年（公元1830年），成都刺绣业成立由铺（店主）、料（领工）、师（工人）共同组成的专门行会"三皇神会"，这种组织形式的建立，表明蜀绣已从家庭手工制作逐渐向市场化经营发展；根据经营的需要，又分作穿货（黼黻、霞帔、挽袖及其他实用品）、行头（剧装、神袍）、灯彩（红白喜事用的围屏、彩帐等）三个不同的门类；晚清时，蜀绣行已经形成家庭个体、小作坊和官府经营相结合的格局。最初，蜀绣主要流行于民间，至清朝中叶以后，逐渐形成行业，尤以成都九龙巷、科甲巷一带的蜀绣为著名。当时各县官府所办的"劝工局"也设刺绣科，可见其制作范围之广。

织纹锦绣，穷工极巧

"织纹锦绣，穷工极巧。"

南宋绍熙年间的双冠图是现存最早的蜀绣，绣料为绫质，绣有两株鸡冠花和一只雄鸡，虽历时近千年，依然栩栩如生，展现了宋代蜀绣"画绣"的特点。

蜀绣的针法变化多端，虚实结合，既长于刺绣花鸟虫鱼等细腻的工笔，又善于表现气势磅礴的山水图景，刻画人物形象也逼真传神，将绣物的光、色、形绣得惟妙惟肖，仿佛一切就跃然纸上、生动如许。它还善于运用晕、纱、滚、藏、切等技法，绣出来的花纹线条流畅、色调柔和，不仅增添了笔墨的湿润感，还具有光洁透明的质感，以及明暗变幻的光影，让绣品于平淡中见神奇，于传神中见底蕴。后世言及蜀绣之工，说它"能灭去针线痕迹"，直称"针神"，有"绘绣"的美誉。

蜀绣的技艺特点有线法平顺光亮、针脚整齐、施针严谨、掺色柔和、车拧自如、劲气生动、虚实得体，任一件蜀绣作品都可淋漓地展示出这些独到的技艺；蜀绣常用晕针来表现绣物的质感，体现绣物的光、色、形，把绣物绣得惟妙惟肖，如鲤鱼的灵动、金丝猴的敏捷、人物的秀美、山川的壮丽、花鸟的多姿、熊猫的憨态等。

蜀绣显著的特点，是一气呵成、气韵连贯的艺术效果。技巧上，蜀绣已发展到双面绣、双面异色绣、双面异色异形绣，其中最高境界的双面异色异形绣，正反两面图案、颜色截然不同。

如果说苏绣精细素雅，湘绣艳丽鲜明，粤绣雍容华贵，那么蜀绣则劲气生动、平齐光亮，其针法多达百余种，丰富程度为四大名绣之首。逾百种针法各有所长，组合也随虫鱼花鸟、山川江河的色泽不同而富于变化。坊间流传，蜀绣"传绘画之神韵，灭针线之痕迹"，有道是"品画先神韵，论诗重性情"，以针为笔，以线代墨，在彩线旋移间，蜀绣为人们倾吐出一幅幅如诗好画。

家家绣女，户户针工

四川省成都市安靖镇，是蜀绣的发源地之一，"家家绣女，户户针工"，素有"蜀绣之乡"之称。

在汉代，成都的织锦业就很发达，朝廷专门设置锦官管理，因此成都又称"锦官城"。据《元和郡县志》记载，在唐代，郫筒酒、安靖刺绣就作为贡品进入宫廷，成为皇帝奖赏功臣的主要物品，在成都，随处可见"挥肱织锦""展帛刺绣"的情景。

郫县安靖镇的蜀绣工艺，具有工艺精美、构图疏朗、色彩明快的独特风格；图案选材丰富而又富于变化，生动而具灵性，有花草树木、飞禽走兽、山水鱼虫、人物肖像等；针法上较独特，常用针法有晕针、铺针、滚针、截针、掺针、沙针、盖针等，讲究针脚整齐、线片光亮、紧密柔和。

在安靖镇一处森木幽静、风格古典的院落，我们拜访了四川省工艺美术大师邬学强老师，他被称为"最后的蜀绣男大师"。迈入大师的工作室，一幅精美的双面绣芙蓉鲤鱼图就映入眼帘，蜀绣的代表作之一就是鲤鱼图，一条鱼鱼身的刻画就需用九种色彩，细致刻画其深浅、质感，这样一幅精品，邬大师需要绣6个多月，10万余针，丝线连起来可绕地球好几圈了。随后邬大师还向我们展示了双面绣中最高境界的双面异色异形绣，在这件作品中正面是国宝大熊猫，憨态可掬；而背面却是卓文君和司马相如，柔情雅致；两边的形状结合得恰到好处，过渡流畅自然。邬大师说，双面异色异形绣难度最高，除了双面绣的一般要求外，还要照顾到两面的针脚、丝缕，做到色彩互不影响，针迹点滴不露，外形天衣无缝。

蜀绣以挑花和绣花为基础，因此安靖人常把挑花和绣花连在一起，如"挑花绣朵""挑绣品""挑绣艺术"等等。"挑绣"的芳踪，在安靖随处可见。但两者风格、形式不同，有挑、绣之别，其挑绣品亦被蜀人称为蜀绣。明代中叶，棉布棉线盛行，挑花趁势传开。清康熙至光绪末年，是郫县蜀绣发展的兴旺时期。女孩子小时必学挑花，川戏就有"一学剪二学裁三学挑花四学鞋"的戏文。

"寻造物之巧妙，固饰化于百工。"

蜀绣作为民族文化和传统手工艺瑰宝，在历史的发展变迁中升华，逐步成为承载悠久历史文明，传承千年古蜀文化，让世界认识蜀地、认识蜀人的重要文化载体。安靖作为蜀绣之乡，一直以传承蜀绣技艺、弘扬蜀绣文化为目标，有力推动了蜀绣人才和蜀绣产业的发展。

千百年来，美丽智慧的绣娘们用勤劳灵巧的双手创作出的一幅幅蜀绣精品为后世流传，它不仅蕴藏着先人的智慧和结晶，更传承了民族文化遗产。

"翠竹泣墨痕，锦书画不成。情针意线绣不尽，鸳鸯枕。"

红酥手，绣花针，绣娘的手指，拈针引线，飞动如蝶，绣出了巴山蜀水，也绣着这个城市的历史。

唐卡艺人

青海省同仁县吾屯村,这个看似普通的村庄卧虎藏龙。走在连接吾屯上下两个村子之间的几百米的街道上,映入眼帘的是各种各样写着唐卡字眼的招牌。很多外地车辆出现在这里,人们不远千里专门来此的目的,就是购买唐卡画。

热贡,是世所公认的"中国唐卡艺术之乡",而最知名的热贡唐卡大多出自这个小村落。吾屯村,"家家绘唐卡,户户皆画师",是名副其实的唐卡村。

普通不平凡的艺术家

据隆务峡谷伦曲志《达哇卡其雪扎》记载：吾屯人的祖先智坚措、赛松、贡保多杰兄弟三人到尼泊尔拜答玛班杂等著名绘画艺术大师为师，系统学习了佛画绘画技巧，最终达到了出神入化的境界。他们学成返藏后，依照护法神的语言及父辈的教诲来到了朵麦地区，先后在成都、普陀山、五台山、梁州、兰州等地绘制了无数佛画，由此，其美名响彻中华大地。

这其中，赛松之子僧格坚参、华达僧格、男觉僧格三兄弟号称"三僧格"，来到热贡地区的"僧格雄"定居下来，而他们所传袭下来的藏传佛画艺术也就成为了热贡艺术的发端。而吾屯的藏语意就是"僧格雄"。

索南大叔就是吾屯村人。

他从七岁起就开始学习绘制唐卡，如今已经有三十多年绘制唐卡的经验，已是当地知名的唐卡艺人。在吾屯村，孩子们耳濡目染，很小就开始动手学习绘制唐卡。

当地艺人画画的地方就是自家庭院,索南大叔的画室也建在自家院子里,画室中正在作画的年轻人最大的看上去二十岁出头,最小的只有几岁,抱着画板在一旁练习。

索南大叔带领的孩子们,有亲戚,有学生,都是男孩子,所以当地有"男人画唐卡,女人种庄稼"的俗语。此时在索南大叔画室中正被绘制的,是一卷108米的巨幅唐卡,画中的坛城庄严美丽。精致细腻是热贡地区唐卡画的最大特点,吾屯村里的艺人们一直在坚守着这种细腻、精致、华丽的绘画风格,这种坚守让热贡唐卡的价值逐渐提高,被外界所知。这样一幅宏大的巨作,索南大叔带领孩子们刚开始绘制,令人好奇并惊叹的是,要想绘制完这幅唐卡,需要二十几人,每日坚持作画13个小时左右,绘制三年多才能够完成。

"耐得住寂寞,才守得住芳华",在吾屯村,默默劳作、常年坚持并不是什么可惊讶的事,在这里,画唐卡已经是他们生活必需的一部分,是传承于骨血中的精神。只有守住手艺人内心的坚定、执着,才能让真正留世的作品诞生。

薪火相传，世代相承

唐卡是在松赞干布时期兴起的一种新颖绘画艺术，是指彩缎装裱后悬挂供奉的宗教卷轴画。它是一门古老的藏族技艺，具有鲜明的民族特点、浓郁的宗教色彩和独特的艺术风格，历来被藏族人民视为珍宝，千余年来影响深远，也是中华民族民间艺术中弥足珍贵的非物质文化遗产。热贡唐卡构图饱满、色彩艳丽、线条优美、图案繁密，其笔法细致入微、画风华丽铺张，类似中国画里的工笔重彩，设色、用金等方面尤为高明；既吸收了汉地文化，又继承了藏传佛教及西藏唐卡艺术风格，经过不断的传承及变迁，形成了鲜明的地域风格特征。

在同仁县，五位国家级唐卡大师有四人来自吾屯村，而在这里的每个唐卡手艺人都是如此，父亲传给儿子，老师带着学生，每天的生活都围绕着唐卡。

"后辈不忘前辈人，喝水不忘挖井人。"

索南大叔的师傅，是唐卡艺术大师——尖木措，尖木措大师是20世纪广受尊崇的唐卡、雕塑大师，是热贡地区唐卡、雕塑艺术家的杰出代表，也是20世纪热贡四大民间艺术家之一。大师一生指导、参与创作的大小唐卡作品近5000幅，其中100米左右的大佛唐卡3幅；指导、参与创作的雕塑作品近4500尊，其中10米左右的大佛雕塑11座。

尖木措大师在世时培养徒弟100多名，索南大叔是大师的衣钵直接传人，大叔把师父的照片奉在自家佛堂的门口，每日虔诚叩拜，时刻怀念，时时敬仰，感恩传艺。他家中一间特别的房间里，摆放着尖木措大师的多幅照片，珍藏着大师曾绘制的作品和大师在世时曾使用的工具、颜料等。

兢兢业业地学艺，不忘师恩。唐卡画师都是从幼年便开始学习，礼仪规制，绘制手法、技巧，都是师父言传身授，悉心指导，所以，尖木措大师在索南大叔的心中，永远是最敬仰的人。索南大叔不仅继承了师父的艺术风格，也继承了师父认真、坚持的态度，继承了热贡唐卡的传统精髓。索南大叔的代表作品《佛陀与十八罗汉》《长寿佛极乐世界》《莲师八变》等，广受修行者和唐卡收藏人士喜爱，多幅作品被港澳台、东南亚、欧美等地区的唐卡收藏家收藏。

画唐卡让吾屯村里的很多人改变了自己的人生，吾屯唐卡村的这种现象也在渐渐影响周边，如今这里的唐卡学校接收外来的许多学生寄宿学习，而特别的是学校传授唐卡技艺不收取任何费用。

极致品质造就超凡艺术

热贡地区唐卡画绘制极为复杂，用料极其考究，颜料全为天然矿物原料，色彩明快艳丽，经久不褪，具有浓郁的雪域风格。在热贡画院，我们拜访了娘本大师，他是把热贡唐卡带出去让世人皆知的第一人。

走进画院中的唐卡收藏室，这里珍藏着许多极致的唐卡艺术品，这些唐卡价值不菲，令人大开眼界，精美的唐卡已不单单是宗教卷轴画，而成为了天价艺术品。但是娘本大师说，这些作品决不用于买卖，是留给后人的实物教科书，是为了更好地将这门艺术传承下去。

唐卡的天价，一个原因是画师的工艺水平，还有一个原因就是用料。

绘制唐卡的颜料都是天然矿物颜料，而且很多都是宝石级别的矿物质原料。这些原料较普通的，每公斤都在五千多的价位，一些贵重的如红珊瑚、绿松石等原料，一公斤都要几十万。正因为这样，画师们必须细致、专注，保证勾画流畅、用色准确才不会造成失误、浪费。矿物颜料以稀为贵的价值和画师精湛的画技，让唐卡成为绝世珍品，热贡唐卡以其精美绝伦的艺术程度成为了世界级非物质文化遗产。

热贡唐卡艺术，具有浓郁的雪域风格和鲜明的民族地域特色，而这些绘制的艺人，往往都是普通农民出身，他们用一笔一画一丝一线，描绘出了热贡艺术的宏图。这些作品凝聚着藏族人民的信仰和智慧，记载着西藏的文明、历史和发展，寄托着藏族人民对雪域家乡的无限热爱。在热贡，我们时刻都能感受到不同于物质文明给我们带来的强大震撼，更重要的是热贡艺人们对于传统艺术的坚持、尊崇和不畏磨砺。

高桥手绣

山东省沂水县县城以北的高桥镇,相传南宋末期,因此地建有一长7米、高4米的石拱高桥而得名。现如今,高大的石拱桥早已无迹可寻,高桥镇却因一种色彩浓厚、生动精致的绣艺而为世人熟知,这便是被评为中国非物质文化遗产的文化瑰宝——高桥手绣。

手绣发源

高桥手绣距今已有260余年的历史，作为显示劳动人民文化形式的民间手工艺品，仍然保留着原始文化形态。它既不同于苏州刺绣，也不同于江南缂丝，而是把刺绣的平面装饰性与雕塑的三维立体感完美结合起来，以精妙的绣工、活泼的针法及丰富的形象著称；其造型古朴纯厚，简洁大方，略显夸张；颜色上强调民间装饰效果，色彩鲜艳，用大红、大绿、大紫等强烈色彩作对比，艳而不俗，造型生动活泼，喜庆色彩浓厚，具有典型的乡土文化气息。

手绣在高桥极为普遍，是高桥妇女们在日常生活中所做的刺绣手工的总称。起源之初是农闲时间，当地的妇女们用白线染成颜色各样的彩线，缝制一些花鸟虫鱼，在年节或有喜事时送给亲朋好友，借以祝愿风调雨顺、四季平安，是寄托希望、祈求幸福的产物。多年来，当地女红好的大姑娘、小媳妇们，在田间地头小憩时，都会掏出针线来，缝制一些绣球、荷花、燕子、鲤鱼、蝴蝶等传统绣活，逢年节喜庆，拿来馈赠亲友。下至幼女，上至老妪，拿出绣花针，都能飞针走线一番。当地孩子是在手绣作品陪伴下长大的，出生时，街坊好友即送来虎头枕道贺，男孩儿用红线，女孩儿用绿线；孩子们喜爱的布娃娃，都是自己妈妈、婶婶们做的。

高桥手绣最早源于沭水南岭村，因年代久远无法看到准确的历史记载，只能从巷里坊间流传的传说中寻觅蛛丝马迹。相传当地早年有一张员外，膝下一女聪慧善良，张小姐与一英俊淳朴的穷小伙相识相恋，却遭到了员外夫妇的强烈反对。如何传达情意与爱人携手相伴呢？聪明的小姐利用荷包，将纸条缝在其中，与恋人相约私奔，后来二人在高桥沭水河畔定居下来，从此，高桥手绣的工艺、风俗便一直传承至今。

在高桥镇一个看似普通、其乐融融的小区内，许多小孩子在嬉戏玩耍，与众不同的是，这些孩子每个人头上都戴着颜色艳丽、造型别致的饰品帽。这些手工帽子做工十分精美，从风格款式来看，像是出自一人之手，详细询问下，果然验证了我们的猜测，这些别致的饰品帽子是一位绣艺高超的老奶奶所做，在当地人的指引下，我们有幸拜访了"高桥手绣"的传承人——解祥芳。

素手生花

解奶奶是高桥手绣传承人，从小受母亲影响，一绣就绣了五十年。在解奶奶家，到处都能看到高桥手绣的作品，墙上悬挂着各式荷包、扇面坠，沙发桌子上到处有造型不同、颜色各异的布老虎、门帘挂幅、对蝶、对鱼、鸳鸯……实在是琳琅满目。

解奶奶最擅长制作各类布老虎，多次受到国家级、省级、市级奖励，并被聘为"济南市民俗艺术馆布饰艺术研究所副所长"。说到制作布老虎，原来是有不少诀窍的。

第一步是"取样"，将纸图样放在硬纸板上，依照图样剪出轮廓，一式两份，这一步是为布老虎的基本定型做准备。接下来把两个剪出的硬纸板图样对在一起，再用糨糊把做手绣底布的丝绸或棉布粘在图样上，糨糊要涂匀，接茬处要压紧。随后，借助复写纸把准备好的图案、花纹等描到绸布上。

绣制，可以说是高桥手绣最重要的工序，根据需要，用不同颜色的彩线绣出描好的图案、花纹，在当地被称作"插花"。这绣花用的丝线，是从底布丝绸上抽出的，这样绣出的花纹与用棉线、毛线绣制出来的大不相同，色彩鲜艳，富有光泽。绣制

花纹费时亦费力,绣一个布老虎往往需要十几天甚至一个月的时间。

高桥手绣在勾、挑、刺等指法和针法方面都复杂多变。针法特别长于运用发射式运针方法,小的花样通过反复多次刺绣使其产生类似浮雕的立体感,大的花样则通过发射式运针产生类似光线的动感,显得活泼,富有生气。

刺绣时不仅针脚讲究细密匀称,色彩搭配也要艳而不俗。高桥手绣的底色大都纯度较高,因此配色基本上是大红配绿色、大红配玫红、玫红配绿色、蓝色配大红等互补色,富有浓郁乡土气息。

布老虎收尾阶段需要以棉花或绒线、绒毛将图样中间的空隙填充,最后把口缝合即可。手绣的整个过程不仅需要娴熟的技艺,还需要极大的耐心。已经61岁的解奶奶做了一辈子高桥手绣,对手绣有着深厚的感情,自家的炕头、炕上的小桌就是她手绣的工作台,在这里她做过无数的绣活儿,年轻时送给同乡、好友,后来送给孩子、友邻,到现在绣给第三代,老人对手绣乐此不疲。

绣出财富

"高桥媳妇巧不巧,看花绣得好不好。"

以前在高桥,谁家办喜事后,男方如果不送荷包给自家长辈,就会被嘲笑媳妇手艺差,而新媳妇过门后都要做枕头,能否绣好枕顶是长辈们评价新媳妇会不会持家的重要"指标"。要是谁家媳妇或闺女手绣做得好,就会成为大家争相称赞的焦点,一家人都跟着光荣。

高桥手绣作为女红的一种,最初是用于家庭、日用装饰,并不是为了产生经济效益,也没有上升到艺术创作,而是人们表达情感的一种方式,所以大都依靠着母女传承的方式,被应用于婚庆、节日、祝愿和日常生活中。

如今高桥手绣在老一辈手绣艺人的传承下,制作工艺日趋完善。当地人自发组织、分工合作,从一家一户的加工变为合作性的联合加工,花色、式样、品种渐趋丰富,手绣逐渐与市场接轨,并且利用电商渠道打开销路,初步形成了规模加工、批量销售，产品质量与知名度日趋提高。

在一批批手绣艺人的努力下，高桥手绣得到了越来越多人的认可，很多外国友人也很喜欢高桥手绣作品，并将其作为代表中国特色的礼品赠送给亲友。高桥镇积极整合资源，加大对高桥手绣的支持力度，使手绣产品从单一型发展到布老虎、虎头鞋、荷包、中国结、吉祥花卉等11个大类、100多个品种，产品销往国内各大城市及日本、韩国、马来西亚、新加坡等国家和地区，年产量达200多万件，年加工收入3500多万元，推动了当地经济的快速发展。

2009年，沂水县高桥镇被文化部授予"中国民间文化艺术之乡"的称号。高桥手绣，经过几百年的发展，从当初的小玩意儿发展成为手工艺品大产业，高桥镇一代代心灵手巧的大姑娘小媳妇，用她们一双双握过锄头镰刀的手，把普普通通的丝绸、棉絮变成憨态可掬的虎崽、相顾柔情的鸳鸯、花丛间蹁跹的蝴蝶、乡野间怒放的山茶……

铝箔画艺术

铝箔画艺术,是以金属铝箔为基材研发的工艺美术新画种,是一种金属立体画,每件作品纯手工细雕制作而成,是新中国成立以来极少的优秀创新工艺美术项目。

铝箔画是传统美术与现代工业完美结合的新画种,具有较高的观赏价值和收藏价值。每一幅铝箔画,不仅具备独一无二的属性,还具有环保的理念,小到一个几厘米的徽章,大到10余米的系列性文化装饰品,都能用金属铝箔的特性表达出不同的艺术效果,同时具有环保理念和丰富的文化内涵。

深爱故土的佤族艺人

位于云南省临沧市沧源佤族自治县城西北方向的翁丁村,是目前中国保存最为完整的一个原生态佤族村。我们见到了一位生在佤寨、长在佤寨的大姐——陈红疆,她通过自创的铝箔手工画,来表现佤族村灵秀的一山一水、一景一物,将对故土的热爱转化为了艺术作品。

铝箔画的创作题材广泛丰富,形式、风格不受局限,作品尺寸大小也可任意发挥。小到一个草虫,大到几米的壁画,无论是风景人物、花鸟鱼虫,还是楼台建筑,都能艺术地再现。独到的造型技法和着色技术,使它成为中国工艺美术的一朵奇葩。

爱上铝箔画,创作铝箔画,对陈红疆大姐来说,是一种缘分,也是命运的使然。陈大姐出生在沧源佤族自治县单甲乡永改村,因为从小热爱佤族文化,喜爱音乐和舞蹈,未满13岁便走进了县民族文化工作队,开始了她的舞蹈生涯。

那时的她灵动、热情,向往着大片的佤族山水,工作排练之余,经常走村串寨,积极和当地的群众交流,拜访村寨间有名的民间艺人,向他们学习、收集佤族的民间歌曲和舞蹈,回来后整理、研习。佤族人总是对民族对故土充满着感情,哪怕走再远的路,爬再高的山,她都不感到疲累,一心希望通过自己的努力,将佤族文化中更多的传统精品挖掘、收集并传承下来。

生活,总是在你毫无防备时出其不意。一次练功时,陈红疆不慎双膝关节受伤,由于没有及时就诊处理,延误了伤情,导致她患上了严重的类风湿关节炎,伤残鉴定为三级,需终身服药。生活的挫折并没有将她打倒,她以坚韧的力量执着地热爱着佤族土地和文化,病退回家后,她开始接触手工画,从卡纸、麻绳、毛线到织布,她都尝试过,直到开始使用铝箔作画,她才找到了艺术创作的感觉。

铝箔作画,细致耐心

铝箔是一种现代精密工业材料,"铝箔画"使用特制的工具,利用现代铝箔材料良好的可塑性，根据画面的需要，通过各种复杂的技法，如挤压、拉伸、延展、刺划、刻削、裁切等，将平面无色无感的金属材料加工成各种形式生动又立体的画景，有些作品还加入独特的着色技巧，把普通金属材料升华为精美绝伦的艺术珍品。

铝箔画具有强烈的立体感、画面感，这是因为铝的金属质感非常好，银光闪烁。另外，铝的稳定性很好，不易氧化、腐蚀、变质，使得铝箔画能够长时间保持新、亮，给人明净剔透的艺术感受。

来到陈大姐家，她正在构思创作一幅新的作品，设计底图上，一间佤族草房，几根俏丽的修竹，一个小女孩欢快地牵着她的老牛……陈大姐的爱人在一旁笑呵呵地说："你小的时候，不就是这个样子吗？"

于是，这幅满含着童年回忆和佤族风情的铝箔画就开工了。

首先，陈大姐的爱人田大哥用剪刀把易拉罐的底部和顶部剪掉，剪开罐体，得到一幅长方形铝箔并将其展平；接下来，根据设计好的草图拓印在铝箔上，依据各部分的形状，裁剪下对应的铝箔片，先剪出大块的图案，再剪出小块的图案。对于

线条复杂的图案,更要小心谨慎,一方面为了防止刮伤手指,另一方面为了防止操作失误剪坏材料。多年制作的经验,使得陈大姐创新了一个小窍门,就是在剪刀握柄开合处多粘一块垫片,这样剪刀尖始终不会剪到底,留出防止操作失误的小小距离。

铝箔画具有很强的立体效果和银质感,这是因为在制作中利用刻刀和圆珠笔,可以描刻出犹如浮雕的效果,所以描刻是最关键的步骤。陈大姐的铝箔画特点就是细腻,她特别擅长刻画竹叶,根据竹叶的特点,叶脉为凹线条,叶面为凸起,运用刻笔的笔尖,用力压画出叶脉线条,用她因风湿而关节变形的手,熟练地调整着下笔的方向、力度,悉心制作每一片竹叶的经脉、每一座草房的格局,也酝酿着对故乡一草一木的记忆。

最终,当把各部分数百片的铝箔片全部刻画完成后,使用乳胶,根据事先做好的构图,将其粘牢在衬布上,然后装裱画框,一幅精美的富有立体感的铝箔画就算圆满完成了。

铝箔画制作题材范围广,可表现中国传统的花鸟园林、古典人物,亦能呈现欧洲造型艺术和装饰手法,而陈大姐的铝箔画,几乎都是表现佤族人民生活和传统文化的。从开始制作铝箔画,陈大姐的作品就受到了很多人的喜爱和认同,并得到社会各界的高度评价,《佤族原始村落》《佤山夜色》《佤族人家》《阿佤村寨》……都是她反映佤族民风、民情、民俗的作品。这其中的《佤族原始村落》曾以一万多元的高价售出,铝箔画不单成为她艺术创作的新的寄托,也为她带来了稳定的经济收入。

疏影横斜,木楼小窗,芭蕉舒展……

一幅手工画需要几百片零部件,裁剪、刻画、粘贴,铝箔画费工费料,还要求制作者耐得住寂寞,所以陈红疆在沙发上一坐就是几个小时。看到陈大姐潜心作画的身影,令人不禁感慨:困于疾病,她无法浏览世界;借助双手,却总能梦回故乡。

硬木烫蜡技艺

中国古典硬木家具，常被人称为红木家具。型艺材韵，不是浮于表面的处理加工，而是彰显着一种大美情怀。家具被工匠们独具匠心地制作出来，凝聚着千百年历史文化的精髓和古韵，这也是红木家具价格居高的原因。

红木家具木材珍稀、制作精良、价格不菲，因此如何使用、保存、延续，从古至今一直是匠人们潜心研究的内容。在我国北方，红木家具行内，人们所熟知的一种养护家具的工艺就是"硬木烫蜡"技术。

烫蜡工艺由来已久

烫蜡工艺的历史非常久远,几千年以前的商周时期就有记载,最先被应用在青铜器表面。据容庚《商周彝器通考》中记载:"乾嘉以前出土之器,磨砻光泽,外敷以蜡。"当时的烫蜡技术可以让青铜器历经千年而不腐,可见技术运用已很成熟,对器物有很好的保护作用。

烫蜡技术的保护作用突出,装饰效果清雅,工艺进行的全过程以及使用的材料"纯天然,无污染",随着技术的逐渐成熟,到了明朝末年,烫蜡技艺开始被应用于一些根雕作品的处理上,进而发展到硬木家具的保护上。

为了更好地深入了解这门技艺的一切,我们首先来到了广西南宁,"中国红木第一城"——凭祥。

凭祥浦寨,是中越边界一个非常发达的贸易口岸,有许多越南商人和挂着越南牌照的大卡车到这里来进行商品贸易交换,而在当地最负盛名的商品就是红木。浦寨有很大的红木家具交易市场,这里的中式家具由越南加工,售价却只有北方的一半,性价比很高。我们邀请到"京作硬木烫蜡技艺传承人"于鸿雁老师来帮助挑选一样便于携带的小件红木家具,带回北方进行"烫蜡"处理,来切身体验和学习硬木烫蜡这门技艺的实质。

红木家具变形有两个原因,一个原因是湿度差,一个原因是温度差。

硬木家具从南方运到北方,会经历一个非常大的湿度转换,在南方时木头的含水量一般在百分之四五十,到了北方后一般含水量会迅速降至百分之十。水分的大量失去,会使木头急遽收缩,这就会引起家具的变形、干裂。对于木头的变形,自古就是中国人研究的一个专题,南北方的家具做法也不一样。在北方,人们在制作家具前,会把制作家具的木材搁在水里浸泡,去木性,然后长时间烘干;而南方潮湿多雨,木材可以直接加工,烘干时间短或者不烘干。更重要的是,当木头露出了新的表皮,在木材阶段进行的干燥只起到了一定的作用,需要进一步处理,这时南北方选用的加工处理方式也不同,南方会选择上漆,而北方则采用了烫蜡的方法,所以"南漆北蜡"的说法就源自于此。

原料天然，着色惊艳

并不是所有的木质家具都适用硬木烫蜡这项工艺，烫蜡的应用，对木材的硬度、纹理有很高的要求，须是质地好、硬度高、自身含丰富油脂的木材，如紫檀、黄花梨、大红酸枝之类。对木质稍差、油脂不丰富的木材，即使经过烫蜡处理后，其表面光泽也不会亮丽。

选择需要烫蜡的家具，必须要选表面没有经过加工处理的白茬家具。在于老师的帮助下，我们在浦寨红木市场内选择了一件草花梨圆墩，将其带回到北京于老师的工作室，准备进行烫蜡处理。

从广西潮湿高温的地方带回来的硬木家具，会在北方干冷的天气环境里发生骤然急遽的变化，不过几天的时间，圆墩的表面已经有了干裂的缝隙。如果不赶紧做烫蜡处理，硬木家具就很容易损坏。

进行烫蜡之前的第一步，是"着色"。

硬木家具在空气里自然存放，会慢慢发生氧化作用，经过不断的氧化、与人体的接触，会逐渐形成色泽美观的"包浆"。木头自然氧化后，颜色会非常漂亮，但这需要百年以上的时间，为了能够在当下就享受到木头极致时的色泽，匠人们通过经验的积累和技术的创新，发明了"人工刷色"的方法，使红木色彩、纹路呈现最佳的理想状态。

着色是为了在修复古代家具的时候"修旧如旧"，所以，调配着色用的颜料非常有讲究，这也是烫蜡技艺最关键的环节，调色的颜料都是天然矿物颜料，根据烫蜡的木材不同，会有不同的秘方，这些秘方可以说是这门手艺最神秘、最核心之处。于老师的手艺，是跟故宫里的修复师傅学来的，可谓是宫廷手艺，知晓、会使用这套技法的人寥寥无几。由于红木家具历来名贵，着色的技术若被无良者用于造假，不是内行人便很容易被蒙骗上当，所以这项技艺轻易不外传。

将调配好的色料用刷子"横盘竖顺"，均匀地刷满整件家具，接下来，烫蜡的主角——蜡，就要登场了。

细致烫蜡，精心养护

烫蜡用到的蜡，主要是蜂蜡。加工好的蜂蜡成品可以直接在市场上买到，但于老师烫蜡时使用的蜂蜡都是自己熬制，熬蜡最主要的是把蜂蜡提纯，因为原始的蜡球夹杂着蜂蜡、蜂蜜和各种杂质，不能直接用于家具养护。只见于老师将一锅水烧开，再将装有蜂蜡球的小铁锅放在滚水中加热，蜂蜡慢慢熔化成液态，然后过筛去除杂质，分离出最终纯的蜂蜡。提纯熬好的蜂蜡倒入模具，冷却后凝固成黄蜡块。

蜂蜡防潮、绝缘、可塑、可燃，在常温下呈固体状态，熔点低，把蜡烫进家具木纤维，就能更好地养护名贵家具。以前制作家具时，人们往往习惯用油漆封住木材表面，通过阻隔空气与木材纤维中的油脂和水分发生作用，来保护家具不变形。但这种办法短期内效果很好，时间一长后，油漆变得干燥、坚硬，而木质纤维则还在不断与油漆"较劲"，家具会更容易损坏。

烫蜡的方法犹如"大禹治水"，采用了疏通原理，将松软的天然蜂蜡烫入木头的气孔当中，实现隔绝空气，阻止气孔与空气中水分的交换，蜡与木质纤维一同变化、相互适应，木质本身被保护起来，它可以随着环境的变化而变形，能够长期保证柔软。经过烫蜡的家具，蜡"入木三分"，表面润泽光滑，木纹透明闪光，棕眼清晰可见，散发自然美，将自身优势发挥到了极致。由于没有对木质进行物理或化学的改变和破坏，家具的烫蜡工艺可以反复使用，甚至是几百年前的古旧家具也可以重复烫蜡修复。

烫蜡时，先用热风机反复吹烤，使家具表面均匀加热，加热到可自如地将蜂蜡块涂抹在其表面上，蜡慢慢熔化，慢慢渗入；一些细小的地方，比如缝隙，为了涂抹得更加均匀，可以用沾满蜡的粗布细细抹匀，不断地擦拭、涂抹，让蜡逐渐吃进木头的纹理中。

接下来，待蜡完全进入到家具后，要搁置、冷却，等蜡凝固；凝固后，使用竹条擀压家具表面，让蜡与木头结合得更紧实，同时也去掉了浮蜡；最后，用粗布抛光打磨，反复擦拭，处理越干净，表面手感越细腻、圆润，做到古典家具的最高境界"干磨硬亮"，就是表面看不到任何蜡，但是却能出现柔美的光泽。

烫蜡后的家具，随着时间的推移，加之人体的触摸、木头表面经过氧化，木材颜色会慢慢变深，久之则光泽度越来越强。烫蜡工艺，是中国古代工匠智慧的结晶。烫蜡的过程，抒发着匠人们对木器、家具的情怀，这是一个保护、美化家具的过程，这个过程寄托着工匠们对器物负责的态度，对文化韵味的审美，和中国人对家的情怀。

苗韵芦笙

　　深秋时节的大苗山，依旧青翠欲滴。每年的这个季节，苗寨之间都要进行联谊活动：走亲戚、交朋友、结兄弟……他们吹起芦笙，跳起拉鼓舞，喝起香甜的米酒，吃着丰盛的苗家美食，姑娘们用篮子挑来了香甜的糯米饭、酸鱼、红蛋，小伙子们在竞技场上斗马娱乐，这就是融水苗家的"打同年"。

　　"打同年"是融水苗族自治县春节里最热闹的民俗之一。从正月初四开始，各个村寨便陆续开始，直到元宵过后才结束。每年秋收以后，大苗山的人们就开始为"打同年"做准备了。芦笙是苗族人最重要的乐器，"打同年"时人们吹芦笙，斗芦笙，跳芦笙舞，苗家人的各种节日，最不可缺少的就是芦笙。

一方水土,一方乐器

芦笙,为西南地区苗、瑶、侗等民族的簧管乐器。在这片素有"歌舞之乡"美誉的土地上,芦笙,是少数民族特别喜爱的一种古老乐器之一。逢年过节,婚俗嫁娶,他们都要举行各式各样、丰富多彩的芦笙会,吹起芦笙跳起舞,庆祝自己的传统节日。

芦笙更是苗族文化的符号和象征,在中国,只要有苗族人的地方就会有芦笙,它是苗族人最重要的乐器之一。芦笙存在于苗族社会与世俗生活的方方面面,是苗族人民表达思想感情的纽带。据文献记载,芦笙已有3000多年的历史,远在唐代,宫廷就有了芦笙的演奏。在当时,芦笙被称为"瓢笙"。清陆次云在《峒溪纤志》一书中,对芦笙的形制和苗族男女"跳月"时演奏芦笙的情景做了形象的描绘:"(男)执芦笙。笙六管,作二尺……笙节参差,吹且歌,手则翔矣,足则扬矣,睐转肢回,旋神荡矣。初则欲接还离,少且酣飞扬舞,交驰迅速逐矣。"由此可知,从古至今,苗族人的芦笙吹奏技巧和芦笙舞蹈动作就极其精彩,芦笙在苗族人民的生活中占有重要地位。

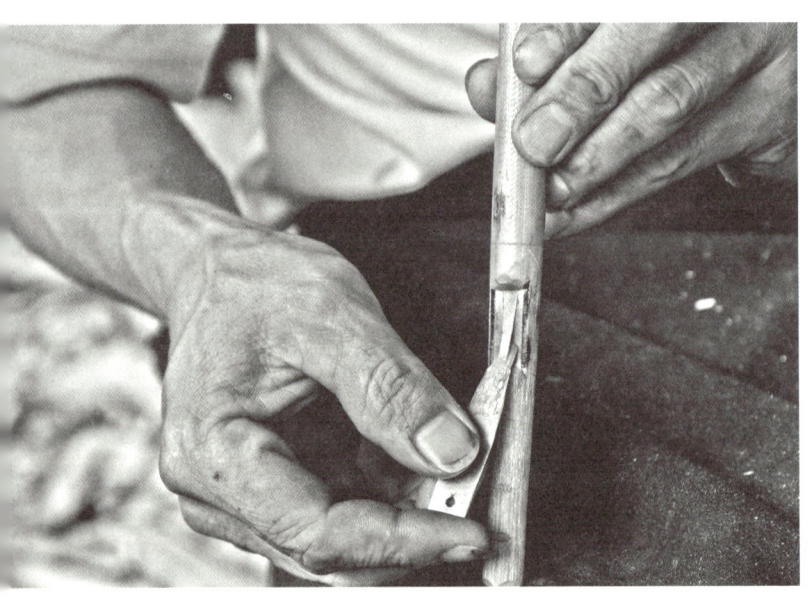

在融水当地,各村寨都有自己专业的芦笙演奏队,不过说到制作芦笙的匠人却是很稀有,这其中,杜庆仁师傅称得上是制作芦笙的高手。

大苗山中竹林密布,都是制作芦笙的最佳材料。50岁的杜师傅做芦笙已有二十多年了,在他的家中,到处堆满了竹子,这全部是他上山亲手砍伐来的原料。

做芦笙的竹子细长,如果将新鲜的竹子拿来直接做芦笙,在使用中会干裂,影响发声,所以,一代代老匠人早已摸索出一套完整完善的制作工艺。

芦笙悦耳,制作不易

芦笙是多管型簧管乐器,一根根俊逸挺立的笙管,正好比苗家俊朗阳光的小伙子。自古以来,芦笙的制作工艺都遵循祖传,融水苗家人如今吹奏的芦笙,多以吹管为直管的六管芦笙为主,笙管多选用竹径细、竹节长、粗细匀、竹壁薄的"芦笙竹",直径在1.2厘米左右,每节长40—50厘米,以生长三年以上、冬至到立春前砍伐的为佳,这时的竹管竹质坚韧,表面光亮,不易虫蛀,是制作笙管的良材。

砍伐来要做芦笙的竹子，先要将之放在烟火上长时间熏烤，直到里面的水分全部蒸发。经过一个多月的熏烤，才能进入下一步做芦笙的程序。

烟火熏烤后，还需要直接在火上烧。手拿竹子在火塘上迅速来回移动，既不使其完全烧着，又能均匀受热，有足够的高温能够使其变软，竹子变软后，芦笙匠人会在其弯曲的地方迅速淋水降温，用脚踩直，这样才能达到做芦笙的标准。

每一根做笙管的竹子，都要经历这样水与火的双重作用，才能成为制作芦笙的材料。除了笙管，芦笙其余主要构件是笙斗、簧片和共鸣管。

笙斗是芦笙的心脏，又称气箱，多用杉木、松木或梧桐木制作，以杉木最佳，纹理顺直，质地松软，少疤节，外观呈纺锤形，长46—56厘米、宽4—9厘米、高3.5—8厘米，细端再接一根长15厘米左右、外径1.8厘米左右的竹管为吹口。制作时，先将木材加工成葫芦斗，然后把木材从中破为两半，掏空葫芦斗内壁后，待装入笙管后再用胶黏合，外部用竹青编好的细篾箍五至七圈而成。笙斗呈淡黄色，外部涂饰桐油，木纹清晰，外表美观，故有"金芦笙"的誉称。

芦笙匠人，综合性艺术家

做芦笙的工具繁多，刀、剪、钻、挖、凿、锯、斧、推、刨……几十把之多，杜师傅的工具伴随他二十年了，每一把工具在他手中立刻就灵动起来。用杉木做成笙斗，六根竹子做成笙管，外表看起来简单的组合，真正做起来却很复杂，芦笙好坏的关键就在于内部这些细小的结构。

芦笙内，起振动发声作用的铜簧片很细小，装铜片、调音，也是制作芦笙最难的环节。每根竹子的粗细长短都不一样，但做好的芦笙却要求发出的声音都相同，这就要求每一次装上铜片后，都要靠手和耳朵去调节，这不仅要求有精湛的手艺，还要求有敏锐的听力。

簧片多用响铜制作，《尾蕉丛谈》一书载："长管之上冒以匏，短管之中置以簧，用响铜为之，恒用火炙，亦古制也。"簧料下好后，画出簧舌轮廓线，用小凿子凿透，锉削掉毛刺，放入炉火中加热，待到微红时，用钳子将簧框略微夹拢一些，使舌与框之间的缝隙缩小，然后放入水中蘸火定型，这种经过"火炙"的簧片，吹奏时省力，发音脆亮。

杜师傅手拿薄薄的铜片，先是凑近细看，手指轻弹了铜片后把铜片放到耳朵边听，似乎觉得声音不太悦耳，于是把铜片放在砧上用铁锤敲打后，再看再弹再听……如此反复数遍后，才把铜片烘烤发热后抹上松香，粘在笙管底端开口处，装入簧片，芦笙才算安装完。

制作芦笙，除了要了解力学知识、具备物理知识，还要有良好的耳力，懂得相应的乐理。杜师傅的芦笙制作技艺已非常娴熟，能用耳直接分辨出簧铜片发出的音

质是否纯正，经历了多次的调整后，一根可以发出标准声音的笙管才算完成。

苗家乐舞韵，芦笙响千年

每一支芦笙都要完成六根这样的笙管，也有四管或八管者。做成一支芦笙，熟练如杜师傅也大概要用一整天的时间。

杜师傅年轻时就喜欢吹奏芦笙，因为喜爱，慢慢把它变成了今天割舍不掉的手艺。在苗族，芦笙不仅是一种乐器，还是青年男女表达爱意的一种媒介，几乎每个苗家男子都会吹芦笙，只要是节日，只要有喜事，苗家人就会吹起芦笙，跳起舞蹈。

郑亚德郑大哥就是当地一个苗寨芦笙表演队的队员，郑大哥的芦笙队要参加这次的"打同年"，与其他寨子里的芦笙队一起表演，所以特意在杜师傅这里定制了一批新芦笙。相识多年的两位老朋友，见面之后离不开的话题仍是"打同年""芦笙表演"，兴之所至，二人拿起芦笙一同演奏起来，一曲苗族人耳熟能详的《迎宾曲》回荡在了小小的村寨中。演奏时，两位师傅并不是站着不动只管吹奏，而是随着芦笙乐起就开始舞之蹈之，乐舞交融。虽然只是两个人在表演，可动作齐整，开合有度，浑然有气韵，可想而知，若是在"打同年"的盛会上，数十人数百人一同跳响芦笙，那场面该是如何的壮观！怪不得在西南苗乡，人们都说芦笙不是用来吹的，而是用来跳的。

"呦呦鹿鸣，食野之苹。我有嘉宾，鼓瑟吹笙。"

苗族芦笙在表演吹奏时，把词、曲、舞三者融为一体，保持了苗族历史文化艺术的原始性、古朴性。苗族人吹奏芦笙的历史已经非常久远，《诗经》中就已经有"吹笙鼓簧"的诗句出现。芦笙，在苗家人的心中是"母亲的声音"，据说芦笙的乐声能够给人们带来丰收，虽然苗族的先人们历经数次大迁徙，但芦笙文化却仍"生生不息"地根植于每一个苗寨中，发出或清脆，或高亢，或低沉，或浑厚，绵长久远的美丽乐声。

竹笼杩槎

在世界双遗之城——都江堰市，每年清明时节，人们都要举办隆重的清明放水节活动，都江堰放水节在历史上谓为"祀水"，是源于4000年前的江神信仰和2000多年前对秦国蜀郡守李冰父子的祭祀。

古时，每到冬季，人们便用竹笼杩槎筑成临时围堰，使岷江水或入内江，或入外江，然后分别淘修河床，加固河堤，这就是岁修。到了清明时节岁修结束，便举行既隆重又热烈的仪式，然后拆除杩槎，滚滚岷江水直入内江，灌溉成都平原千里沃野。后来，放水仪式演化为都江堰人民广泛参与的祭祀李冰父子，祈求五谷丰登、国泰民安的一项传统文化活动，放水节也是一年春耕开始的代表。

"东流不尽秦时水，润泽天府两千年。"

如今，我们见到的都江堰水利工程，虽早已是钢筋水泥的建筑结构，而在古代，都江堰则是另一番景象，人们在放水节时砍倒竹笼杩槎是最令人兴奋激动的盛况，"都江堰水沃西川，人到开时涌岸边，喜看杩槎频撤处，欢声雷动说耕田"便是当时放水节的最佳写照。

那么竹笼杩槎到底是何物？人们又为何要在放水节时砍倒它？流淌千年的岷江水畔，或许我们可以从中寻找到答案。

古老智慧的水利工具

竹笼杩槎，主要由两大部分组成。

杩槎，是用六根木头扎制成的一个立体三角形木架，也是内压重物用来挡水的河工构件，又称为闭水三角；而竹笼，顾名思义是用竹子编制的笼子，内里装满鹅卵石，辅以黄泥，与杩槎组合在一起，成为一种治水工具。

由竹笼杩槎构筑的施工围堰，是能临时调节水量的拦河堰；此外，还可用于抢险堵口和护岸工程。其优点是易拆易建，木桩可重复使用，是一种原料易取易得、制作便捷、造价低廉的临时性水利工程结构，充满了先民的智慧。

两千多年前，人们就开始利用这一工具修堤导水，排除水灾隐患；今天，岷江边的人们依然在利用这一原理护岸清堤。为了深切了解这一工具的制作和使用原理，我们拜访了当地制作竹笼杩槎的老手艺人——肖云发。

制作竹笼杩槎，先从做竹笼开始，而要做竹笼，当然要先有竹子。见到肖大叔后，他一把把年代久远却依旧锋利无比的砍竹刀系在腰间,便带着我们向山林进发,砍取原材料。

　　肖大叔家后山的竹林就是我们的目的地,就地取材,这在都江堰是非常常见的,从古至今人们一直都是这样做的。慈竹,是制作竹笼的主要材料,而选择合适的竹子也是有技巧的。制作竹笼杩槎,一般要选用生长三年左右的慈竹,时间短于三年的竹子太幼嫩,强韧性不足,太老的也不适宜。砍竹前,要先判断竹子的生长年龄,可以用砍刀轻击竹身,声音发闷不干脆的,则是年限短、比较嫩的竹子;敲击声音清脆悦耳的,则是生长年限较长的。

　　慈竹主要分布在我国的西南地区,它们的高度通常在5—10米,越长的竹子越适合制作竹笼。肖大叔很快就选择好一根三年生以上、高约10米的竹子,几刀利落地砍向竹根处,竹子便应声而断。

用料很朴实,工艺有讲究

　　竹笼杩槎的竹笼可大可小,全部是人们手工编制而成。

　　要编竹笼,首先要把整根竹子做成竹条。肖大叔娴熟地将整竹从中间砍成两段,然后对称地从中劈开,把竹子劈成宽度均匀的竹条,然后将竹节的部分敲打平整,使竹条能够任意弯曲,这才可以开始编制竹笼。

　　首先从竹笼底部编起,先拿六根竹条按顺序叠在一起,中间围成一个规则的六边形,然后用其中一根主要竹条来回缠绕其他五根,如此反复,不一会儿竹笼的底部就初见雏形了。

　　一根10米长的竹子用来编成竹笼,反复折叠编制下,只能编成1米左右的竹笼,要想编足够长的竹笼,所需竹子的量还是很多的,竹笼上,每一个窟窿也都需要编成六边形。竹笼的长度,要视现场实际使用时而定,可长可短,非常灵活。

　　竹笼杩槎的配套使用工具,还有竹笆和签篥(sǔn),签篥是代替绳子用来固定杩槎的,用细长的竹条像编辫子一样制作;而竹笆起到引流河水的作用,像竹席子一样编制。这些工具的制作,同样是就地取材,制作手法和工艺均来源于岷江边人们的日常生活，人们像编制日用品和农具一样来制作这些用于治水的工具，做到因地制宜、物尽其用。

做好了竹笼、竹笆和签篾，来到了岷江边，肖大叔向我们展示了古时人们是如何使用竹笼杩槎治水的。

"古法治水"，说的是竹笼、杩槎、干砌卵石等独特的工程技术。这是秦国蜀郡太守李冰父子在两千多年前吸取古蜀民族的治水经验，就地取材，独创的防洪水利技术。六根6—7米的木桩支起一个立体的三角形，用竹子做成的签篾将它们固定住，一个杩槎就做好了，随后将杩槎移至江水中，依次盖上竹笆、放上竹笼，然后把就地取材的鹅卵石塞满竹笼之中。竹笼杩槎的治水原理是引流，目的是改变河水的流向。将几十个甚至几百个竹笼杩槎连接在一起逐渐形成规模，再配合当地特有的黄泥，将河水引流改道是完全可以实现的。

古法截流，历久不衰

都江堰延续至今，历久不衰，主要原因就是保持了严格的岁修制度。

每到冬天枯水季节，汩汩的岷江水从雪山流淌而下，在都江堰鱼嘴被一分为二，人们在渠首采用"古法截流"，这时需将数十个杩槎相连成排置于水中，一足朝内江，两足向外江，每个杩槎架上放置装满大卵石的竹笼，用来压重固定。在竹笼的迎水面钉长木条，在空隙处用树枝填补，前铺竹席，形成浑然一体、彼此相连的挡水平面，然后人工背负沙石袋、卵石和黄泥，在竹笆外自下而上层层倾倒，填塞竹笼杩槎的缝隙，形成一道不透水的人工截流堰。杩槎、竹笼、竹席，再加上沙石和黄泥，坝体完全形成一个稳定的整体。水流越是冲击，整体的竹笼杩槎就好像"伸缩"的弹簧一样，越收越紧，非常紧固。临时围堰筑成，以鱼嘴为界，外江清澈的江水奔流依旧；内江一侧水流逐渐减少，直至不见江水流入，露出了满是石块、沙砾的河床，随后人们合力清淤淘滩，维修堤堰。

实际应用中，做竹笼杩槎绝对是一个技术含量很高的活。比如编竹笼，看似简单，实际操作中由于竹条韧性极大，交叉编制时很费力气，并且还要保证每个孔隙都是六边形，美观又结实；在制作杩槎之前，首先要测量好杩脚落脚点的水位，根据水位来确定杩脚的高度。制作杩槎时每个步骤都要精准，特别是杩槎下水时，必须一步到位。截流用的一个杩槎重约1吨，坚固异常，下水后想要再移动就难了，所以必须在下水前就确定好方位和角度。

"古法治水"不只是一种景观效应，这种古老的截流方式，工程简易，费用仅是现代化抛石围堰截流的三分之一，今天，这一技术仍广泛应用于现代水利工程中。为了适应现代大规模工程建设的需要，如今人们编造笼子，是采用一种高镀锌低碳钢丝金属，其能够在风吹日晒下使用80年之久。与传统的浆砌石相比，"竹笼"不仅仅只是富有柔性这么简单，更重要的是"竹笼"的使用能够为水中生物保留生存、栖息的空间，人类与自然、与其他生物都能和谐共存。我们祖先这一智慧的发

明，被世界多地效仿应用，造福于更广阔的天地。

　　岷江遥从天际来，神功凿破古离堆。

　　恩波浩渺连三楚，惠泽膏流润九垓。

　　劈斧岩前飞瀑雨，伏龙潭底响轻雷。

　　筑堤不敢辞劳苦，竹石经营取次栽。

　　水利，是农业文明的重要基础，在与自然的较量中，人们用汗水、用智慧一点点地改造着自然，同时又尊重自然，缔造了"水旱从人"的天府传奇。竹笼杩槎，是先民们生产生活中智慧的结晶，构成了都江堰工程的重要一环，千百年来，勤劳、智慧的先人为这项工程的历久弥新打下了基础。经历千年的沉淀和传承，这不仅仅是一种技术，更是一种文化。

百笋宴

竹林,是中国南方大地上最常见的植被之一,如今,中国拥有世界上四分之一的竹林面积。位于浙江省西北部的安吉县,竹林面积6.7万公顷,占有我国竹林面积的十分之一,素有"中国竹乡"的美誉。

挖笋有诀窍

常年与竹相伴，安吉人的生活离不开这一方翠绿。今天，安吉县上舍村"化龙灯"舞龙队队长朱文华朱大叔，为了犒劳舞龙队的队员们，带领大家上山进竹林，寻找应季的竹笋，制作百笋宴。

竹是高大乔木状禾本科植物。竹鞭是它们匍匐在地下的根茎，横向生长，中间稍空，节上长着许多须根和芽。节上的芽有些并不长出地面，而是发育成新的地下茎，另一些则发育成为竹笋，钻出地面，长成竹子。安吉冬笋是立秋前后由楠竹的竹鞭侧芽发育而成的笋芽，合理采挖冬笋，不会影响竹子的繁殖生长，还可为人们带来赞不绝口的美食，也为安吉当地带来可观的经济收入。安吉人熟知竹的生长规律，找出未出土的冬笋也更有经验，"看竹找笋"，如果发现有些叶子呈暗绿且竹叶比较浓密，还有些带黄的颜色，那么这棵竹子很可能有冬笋；再根据地面上竹丫生长的方向，判断竹鞭的生长轨迹，选择土比较松，地表有土块微微隆起、开裂的

地方，用脚轻踩有松软感，多半就是有笋的征兆了。

采掘时，下锄也要讲究力道和技巧，先小心将笋周边的土锄去，找到生长它的竹根，随后锄头要恰到好处地斩到竹根和笋的交接处，这样即可快速挖出冬笋，有益于保嫩保鲜，又不会破坏竹鞭竹节。

在朱大叔的带领下，大家伙合力劳作，不多时竹筐里就收获满满。不论是夏季完全埋在土里的鞭笋，还是冬天稍微突起的冬笋，抑或是雨后完全破土而出的春笋，竹笋一年四季都有，容易获得。在物资匮乏的时代，为了果腹生存，华夏先民们理所应当地选择了竹林，并就此倾心，无比喜爱。

笋搭百味鲜

安吉县境内有山丘谷岗等多种地形，毛竹林主要分布在100—600米海拔的低山和丘陵上；这里属于亚热带季风气候，四季分明，雨量充沛；土层适宜，土质肥

沃，有机质含量高。良好的温度、光照、湿度和土壤条件极适宜毛竹生长，也使得"安吉冬笋"具有一些特定的形态特征和优越的品质。

安吉的冬笋与别处的笋不同，两头尖、中间粗，体型弯曲成月牙形，壳淡黄而紧包，肉质白嫩而细实，味鲜松脆，切丝不断。《本草纲目》载，竹笋可以消渴、利水、益气、爽胃，它不仅含有人体所需的糖类、蛋白质、脂肪和纤维素，而且还含有八种人体必需的氨基酸、各种维生素和微量元素等，能有效预防多种疾病。

据《诗经》《禹贡》等文献记载，竹笋在西周时期已成为餐上佳肴，此后相延不衰，直到今天。清代文人李渔把竹笋誉为"蔬菜中第一品"，认为肥羊嫩豕都难与之比鲜。在安吉有种说法，说是只要品过安吉的冬笋，其他地方的冬笋都不要吃了。安吉冬笋如雪如玉、丰嫩鲜脆、口感上乘，在冬日的餐桌上，食之神骨俱清，可谓是最清雅、灵气的美味了。

竹林人对"菜中珍品"竹笋的处理，蕴含着丰富而独特的生活智慧。搭配，是烹制竹笋的秘诀，笋几乎可以和任何一种荤素菜肴配在一起，被称为百搭菜。烹饪过程中，竹笋上密布的气孔吸收各方"搭档"的味道，却又从不失去来自竹本身的新鲜和清香。安吉冬笋笋尖嫩，笋衣薄，笋片味甘肉厚，各个部位口感都不同，却都可以与肉相得益彰——冬笋炒腊肉、冬笋炒牛肉、红烧冬笋、干笋炒五花肉……安吉冬笋生长在竹林有机土壤中，似乎保持着与尘世隔绝的纯净，被一层一层薄薄的笋箨错落有致地包裹着，历尽成长磨砺，最后变成一道玲珑剔透、纯白淡香且富有自然气息的美味珍馐。

百笋宴飘香

竹林人家的重要节日离不开百笋宴。

百笋宴选用安吉竹乡上等原料，以烩、爆、炒、焖、蒸、煮等10多种方式，辅以各种作料，精心制作而成，其含100多道笋菜佳肴，色、香、味、意、形俱佳。

食材中有小野笋、泡椒笋、辣味笋、早园笋、玉条笋、珍珠笋、宝塔笋、三色笋、焖笋、佛手笋、脆皮笋、八宝笋等，可谓琳琅满目。在安吉，可食用的笋品种达三百多个，所以百笋宴是真正的"百笋荟萃"。油焖早园笋、清椒笋衣、笋尖鲈鱼、笋茹石鸡、笋鲜炖竹鸡、三丝笋卷、兰花笋、凤尾笋、素炸合、香菇冬笋……百余道笋鲜佳肴，举箸之间惊艳人们的味蕾。

伴随着喜庆的鞭炮声，安吉县"化龙灯"舞龙队继续游走在各户人家。安吉历史悠久，但近代以来安吉人大都由移民组成，因此竹笋在中国各地的味觉姿态，得以在安吉呈现。百笋宴有热菜，也有冷盘，并可调制各类汤羹及以笋为辅料的各种点心，有北方人爱吃的冬笋馅料的饺子、馅饼，冬笋炒酸菜，亦有南方人钟情的笋干烧肉、鲍汁佛手笋、腌笃鲜。安吉百笋宴融合了南北风味、各种菜系的百余个品种，形成了独一无二的笋之珍馐，因其丰富的营养价值被烹调行家誉为"天下第一素食"。

夜晚，化龙灯队的师傅们完成了一天的舞龙，在村里的老宅里，桌椅、美食都已经摆好，朱大叔和家人们等待着

大家来品尝。

宴席上,安吉县百笋宴发明人曹位钧大厨特意为舞龙队员们做了一道"健脚笋",因为在安吉当地有个习俗,"吃了健脚笋,两腿脚不酸"。吃健脚笋还有个不成文的规定,那就是不能咬断,要整根一点点咬着吞下去才会身强腿脚健。来自各地的竹笋风味、不同地域的习俗祝福,在一桌安吉百笋宴上汇集,幻化出百种情态。

"客中虽有八珍尝,哪及山家野笋香"。

品尝着竹乡林海的清隽,也品读着竹以千姿百态生根于中华寻常百姓家的悠远绵长。

步步糕

中国是以农耕文化为主的国家,在长期的发展过程中,逐渐形成了"南方吃米,北方吃面"的传统。中国的面食文化博大精深、源远流长,考古学家在四千多年前的储麦遗址已发掘出了历经几千年岁月的碳化小麦,而小麦正是制作面食最基本的原料。

经过长期制作经验的积累,面食的制作方式以及技艺不断提高和创新,做成的美食数不胜数。在山东,面食的发展可谓历史悠久,阳信县地处鲁北,是全国的优质小麦之乡,这里自古以面食为主,当地群众在长期的生产生活中积累了丰富的面食制作技艺。人们将面粉与各种调味品、副食品搭配,形成了技艺精湛、风味各异的面食,在这里,有一种独特的面点技艺令人拍案叫绝。

阳信步步糕

在阳信县牛王堂村,农民魏连恒和刘秀华夫妇正在制作当地赫赫有名的一种面点,叫作"吉祥步步糕"。魏大哥和刘大姐十几年来坚持继承祖传的枣糕手艺,精心制作吉祥步步糕面点,成为山东省第一个手工制作吉祥步步糕的农村人家。

魏大哥和刘大姐制作这种步步糕,全部纯手工进行。步步糕由顶着红枣的面团做成花糕瓣,花糕瓣对成环状糕层后层层堆摞而起,上面再加上由一个"盒子"和一个寿桃组成的糕顶,一个"步步糕"就制成了。吉祥步步糕层层叠叠,宛如精致的莲花宝塔,塔尖的"盒上桃",桃子代表长寿,下面的盒子通"和",寓意家和万事兴,每一层代表着日子越过越好、步步高升,整体美观,寓意吉祥,令人叹奇。在阳信,吃步步糕早已是一种民间习俗,无论是盖新房、搬新家,还是过年过节过生日,人们都要定制这"步步糕",因为这种面点寓意吉祥喜庆、步步高升、合家团圆、福寿安康,深受大众喜爱。尤其在过年的时候,贴着大红"福"字的枣花步步糕卖到千家万户,为新年增添了别样的年味。

制作细致

吉祥步步糕主要由面粉和红枣做成。选枣、泡枣、和面、发面、捏糕、下蒸笼、整形、上彩……枣糕看起来美观，闻起来清香，吃起来可口，但制作起来步骤却很复杂，里面满是门道，也十分辛苦。

步步糕最大的特色就是重达百斤，要想做出上百斤的步步糕，揉面是极为关键的步骤。

刘大姐和面用的面粉就是阳信当地产的小麦磨制的，筋道柔韧；面的软硬直接影响到步步糕最终的形状和口感，只有依靠手工和面才能把握好其中的分寸。在和面这一过程中，反复地揉捏不仅仅消耗人的体力，更是对意志力的考验，如此费力费时，魏连恒和刘秀华夫妇仍坚持手工完成。

面和好后，搓成粗细匀称的条状，中间夹一颗山东大枣，两边用力一捏，就做成了构成步步糕的最基本元素——枣花瓣。做底座的枣花瓣最大，越往上层枣花瓣越小，然后根据每层枣花糕的需要，用均匀大小的枣花瓣一个一个围成圆形，构成每层的枣花糕。这样一个枣花瓣制作起来看似容易，可是一个上百斤完整的步步糕需要上百个这样的枣花瓣，魏连恒夫妇二人需用一整天的时间加班加点才能完成。

临近傍晚，忙碌了一整天，所有的单层枣花糕终于制作完成，要进入上笼屉蒸熟的一步了。因为平日动辄就要做几百斤的步步糕，所以魏大哥家的蒸锅也是出奇的大，蒸屉的直径足有一米多，几层蒸屉都摆得满满当当，就可上火蒸了。蒸二十余分钟后，天色已完全黑下来，忙碌一整天捏就的枣糕终于要出锅了。

寓意美满

魏大哥和刘大姐家里制作步步糕的历史可上溯到刘大姐的太姥姥那一辈，那时家里人为了给长辈祝寿时讨老人家欢心，灵机一动想出做莲花枣糕的方法，渐渐地一辈传一辈，就形成了现在的吉祥步步糕。一开始街坊四邻看到他们夫妻做的枣糕寓意好又漂亮，就建议他们做出来去集市卖，没想到他们做的枣糕一拿到集市上就被人们抢购一空，非常受欢迎。慢慢地，每逢阳信当地的大集，他们夫妇都到集上去卖糕，渐渐打出了名气。再后来，不少人慕名找到他们家来买枣糕，他们不用再去赶集卖糕，就在家中为上门定做的顾客制作步步糕。

刚出锅的枣糕热气腾腾，白晃晃、亮光光，看得人口水满溢，食欲倍增，空气中也弥漫着枣的清甜和面食特有的清香。接下来，魏大哥夫妇马上就要进行最为关键的一步——"对糕"，也就是搭建步步糕。对糕要趁热，凉了不易成形，以一个大茶盘为底，将一个个枣瓣围成的圆形枣糕一层叠一层搭起来，底层枣糕圆圈较大，随着层数增加，枣糕圆圈渐小，这样垒起二十层，步步糕才算最终完成。完成后的枣糕有如莲花宝塔，十分精致。

第二日，在送往定做步步糕的人家前，魏大哥夫妇还将枣糕"装扮一新"，用彩纸剪裁出花形和喜字，轻覆其上，用植物提取的天然可食用颜料描绘出彩色的寿桃，用塑膜遮盖好以后再用红花布蒙裹好，运往举办庆祝活动的人家。

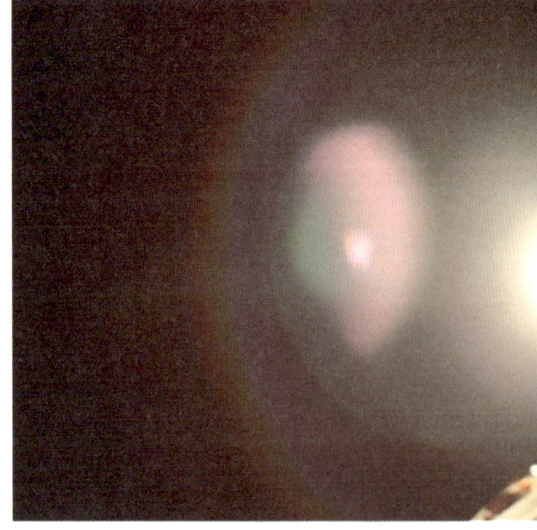

在阳信有一种习俗，无论谁家有新生儿，在出生满十二天的时候，家里都要摆宴席，邀请亲戚朋友一起前来庆祝，而步步糕在这个习俗中是必不可少、不可或缺的美食和祝福。今日定做枣糕的人家就是为刚出生的新生儿庆祝满十二天的，鸣炮庆贺、欢笑不断，祝贺仪式后，主人会将步步糕分发到每一位到场祝贺的亲友手中，大家吃到美味的枣糕，沾到今天的喜气，才算是不虚此行。

"莲花塔，塔莲花，莲花宝塔二十层，辛勤劳作是根基，传统技艺来传承。"

造型奇特的步步糕作为阳信地区最为独特的糕点，早已成为一种习俗用品。步步糕有吉祥如意、步步高升的寓意，制作精美的莲花枣糕也代表着至亲至纯的高尚人格，寄托着人们的美好祝愿，是阳信人民热爱生活、向往美好的一个缩影。

普普通通的枣糕为阳信人的生活带来丝丝暖意，枣糕蒸出了新高度，用最终的美味传递大家的欢乐与期待。传统的手艺在魏大哥夫妇的苦心经营之下能够得以留存，依靠的是他们的勤劳努力和坚持。

蛇盘兔

在中国浩瀚的文化历史中,有一个节日,是为纪念一位名臣而设,这就是寒食节。

寒食节由来

寒食节也叫禁烟节、禁火节,一般在夏历冬至后105日,清明节前一二日,距今已有两千六百多年的历史,比端午节的产生还要早。

2600多年前的春秋初期,当时晋国内乱不已。晋献公的儿子重耳为了躲避后母骊姬的迫害,流亡国外19年,尝尽了人间艰辛。在这颠沛流离的逃亡途中,介之推一直追随重耳,不离左右。一次路过卫国,重耳等被人追击,慌不择路,逃到了一个渺无人烟的地方,断炊绝粮,陷入困境。这时介之推从自己腿上割肉,熬汤喂主,重耳得知此情,深受感动,表示若他日得即王位,定对介之推重加封赏。

后来重耳回国即位,史称晋文公,他对一直跟随自己逃亡的臣僚论功行赏时,唯独把介之推给忘了。许多人都为介之推抱不平,要为他邀功,但介之推一笑置之,带着老母隐居到了现在的山西绵山。晋文公知道后,追忆起介之推的忠诚,后悔不迭,立即派人去请介之推回来,被介之推拒绝了。为逼介之推出山,晋文公下令火焚绵山,却不料介之推宁愿被火烧死,也不肯出山,结果与母亲双双抱树而死。

晋文公见烧死了救命爱臣,既悲痛又后悔,就把介之推厚葬于绵山,修祠立庙,并下令每年的焚山之日禁火寒食,以此来纪念这位有着清高气节,"士甘焚死不封侯"的贤臣介之推,后相延成俗,这便是寒食节的由来。

寒食节为介之推而设的记载可见于《后汉书·周举传》、魏武帝(曹操)《明罚令》及南朝梁代宗懔《荆楚岁时记》等著述中。更早一些的记载则见于两千多年前经学家桓谭的《新论》,该书中讲太原郡风俗,不仅提到了"隆冬不火食五日",还提到这是"为介之推,故也"。

经东汉周举、三国曹操、后赵石勒、北魏孝文帝等,寒食节遭多次禁断,却屡禁屡兴,蔓延全国。至唐,玄宗顺应民意,颁诏将寒食节拜扫展墓编入《大唐开元礼》,并定为全国法定长假。"子推言避世,山火遂焚身。四海同寒食,千秋为一人。深冤何用道,峻迹古无邻。魂魄山河气,风雷御宇神。光烟榆柳火,怨曲龙蛇新。可叹文公霸,平生负此臣。"这首《寒食》诗是唐代诗人卢象所作,从中可看出当时人们对寒食节的感悟和崇敬。

蛇盘兔，祭忠魂

忠魂埋骨绵山，后人又把界休县改为介休县。在介休当地，人们在寒食节依然保留着丰富的传统习俗，除了众所周知的禁烟、吃冷食、祭祀扫墓、插柳、踏春等，当地人还会发黑豆芽、蒸面塑、采柳芽、戴柳圈、扫房顶、唱大戏……举办具有浓郁地方特色的各种传统活动，承载着丰厚的民间文化。

两千多年来，这里的寒食习俗一直在延续，这其中，做"蛇盘兔"祭拜千古忠魂是极富特色的一种表现。清明前夕来到介休市南庄村，走进其中一户人家，这家的张庆玲大姐正手拿一小碗黑乎乎的小颗粒，据说这是做"蛇盘兔"不可缺少的一种原材料，那到底这"蛇盘兔"是如何做出来的呢？

来到张大姐家暖意融融的窑洞内，张大姐的母亲吴妈妈正在和面准备做蛇盘兔。"蛇盘兔"其实是一种面塑，每年临到寒食节时，介休当地挨家挨户都要制作这种美食，用来祭奠先贤，表达孝道。和面、发酵、待醒……将面团搓成长圆形，一头粗一头细，将粗头用刀划成蛇头形状，蛇身用木梳压一下，形成蛇甲样；接下来再将面团揉成蛋圆形制作兔，一头捏成兔头的形状，用剪刀在头部两侧剪两只耳朵，同时在面部用小红豆按上两只眼，在下部剪一个口，而另一头揪成兔尾形状；将蛇形面坯缠在兔形面坯上，即为"蛇盘兔"造型。而适才张大姐手中那碗黑乎乎的小

颗粒原来是花椒籽，是用来做蛇眼睛的。

上笼用大火蒸20分钟，造型生动又美味的"蛇盘兔"就做成了。"蛇盘兔"朴实、简练、富有雅拙之美，体现了鲜明的地方特色。蛇代表介之推的母亲，兔就是介之推，蛇与兔紧紧缠绕不分离。大的蛇盘兔如我们平时吃的馒头一般，而更精巧的是一些小的蛇盘兔，仅约两指宽，看上去分外玲珑可爱。制作这大小不等的"蛇盘兔"可不是率性而为，这其中是有风俗讲究的。

绵山祭子推

拿着制作好的"蛇盘兔"，跟随吴妈妈和张大姐来到绵山"介之推墓"前，进行寒食节最为重要的一个环节——祭奠介公。

"千家禁火寒三月，万古忠魂祭一丘。"

将蒸好的较大的"蛇盘兔"四个一盘供奉于介之推墓前，然后焚香祭祷，缅怀这位忠君爱国、清明廉洁、功成身退、具有奉献精神的一代贤臣。在世尽孝道，离世祭祖先，蛇盘兔表达的正是孝道这种美德。在这里扫墓的方式也别具一格，吴妈妈将那些小巧的蛇盘兔拿出分给众人，然后让大家将其撒向介之推墓冢上方，据说，这样抛下的"蛇盘兔"，祭奠礼毕后用圪针插上回家，置于房内高处晾干，可获得祖先佑护，吃了肚不痛，万事如意；同时，在介休当地方言中"蛇盘兔"与"必定富"谐音，寄托着人们对美好富足生活的向往，"蛇盘兔，必定富"作为美满幸福的象征，流传至今。

魂系祖脉，根连骨肉，生者展孝，先人享食，寒食展墓，岁岁年年。春秋时期的介之推至今影响着介休人，每年的寒食节，绵山的介公祠都会举办祭奠介之推的仪式，做蛇盘兔、禁火、吃寒食，朴素的介休人仍在遵循着这些古老的习俗。正是因为介之推身上忧国忧民、忠诚孝义的崇高品格，寒食节才能历经千年从未中断，成为中国最具代表性的传统节日之一，也是华夏儿女不应淡忘的感恩日。